In der Reihe »Fernöstliche Weisheiten«
erschienen:

Zen
(08/9100)

Taoismus
(08/9101)

Geheimwissen Indiens
(08/9102)

Tibetischer Buddhismus
(08/9103)

Reinkarnation
(08/9104)

Yogis
(08/9105)

Tantrismus
(08/9106)

Sufismus
(08/9107)

Schamanismus
(08/9108)

I Ging
(08/9109)

Geheiligter Eros
(08/9110)

Derwische
(08/9111)

JEAN-MICHEL VARENNE

TIBETISCHER BUDDHISMUS

FERNÖSTLICHE WEISHEITEN

Herausgeber der Reihe:
Patrick Ravignant

Deutsche Erstveröffentlichung

WILHELM HEYNE VERLAG
MÜNCHEN

HEYNE RATGEBER
Nr. 08/9103

Titel der französischen Originalausgabe
LE BOUDDHISME TIBETAIN
erschienen bei M. A. Editions, Paris
Deutsche Übersetzung von Gerda Gensberger

Printed in Germany 1985
Umschlagzeichnung: Patrice Varin
Umschlaggestaltung: Atelier Ingrid Schütz, München
Satz: Schaber, Wels
Druck und Bindung: Presse-Druck, Augsburg

ISBN 3-453-41668-6

INHALT

Vorwort

Diese Sammlung setzt sich zum Ziel, die Grundhaltungen der orientalischen Geisteseinstellung zu erforschen, aber nicht als folkloristische Besonderheit oder als gelehrsames Thema, sondern sie erforscht die lebendigen Traditionen, die geeignet sind, unsere Wahrnehmung der Wirklichkeit und unser Bewußtsein radikal zu verändern.

Die Ansichten und Praktiken in diesen Büchern betreffen uns direkt mit unseren Problemen, unseren Konflikten, unserer Umgebung in der westlichen Welt des 20. Jahrhunderts. Für jeden von uns können diese Wege eine vollkommene Veränderung der alten Sichtweisen und Reaktionen zur Folge haben, eine Auflösung von Gewohnheiten und Zuständen, um in eine innere Freiheit und in unmittelbaren Reichtum zu münden, wo der erlebte Augenblick gleichbedeutend ist mit Ewigkeit.

Die Lehren des Taoismus, des Hinduismus, des Buddhismus, des Schamanismus, des Islam sind von außerordentlicher Unterschiedlichkeit, aber die Erfüllung, von der sie Zeugnis ablegen, ist die gleiche. Es handelt sich nicht um irgendwelche intellektuelle Exotik, sondern um die innerste und intimste WIRKLICHKEIT, die im Herzen eines jeden einzelnen liegt.

EINFÜHRUNG

Der tibetanische Buddhismus heute

März 1959. Lange Kolonnen hungriger und zerlumpter tibetanischer Flüchtlinge überqueren die verschneiten Pässe des Himalaya. An der Spitze des armseligen Konvois reitet ihr geistiger Führer, der vierzehnte Dalai Lama. Die rote Armee Chinas hat soeben Tibet besetzt und unterdrückt gewaltsam die letzten Widerstandsversuche. Für die Männer, Frauen und Kinder, die lieber aus ihrer Heimat flohen als sich dem Joch der Barbarei zu unterwerfen, beginnt das Exil.

In Tibet merzen die Besatzer systematisch ein religiöses Gefüge aus, das dreizehn Jahrhunderte lang in einer in jeder Hinsicht bewundernswerten Kultur fortbestand; Schließung von Klöstern, Verbot von Gottesdiensten und Riten, Kastration Tausender von Lamas (die Übertragung des geistigen Erbes beruhte bei bestimmten Sekten auf der Abstammung).

Einige Jahre später entfachte die »Kulturrevolution« die Bilderstürmerei. Die roten Garden plünderten die Tempel und klebten ihre absurden Parolen an die Wände der Heiligtümer. Doch die glaubwürdigen Informationen über die tatsächlichen Folgen der chinesischen Besatzung sind ziemlich spärlich. Tibet ist nach wie vor verbotenes Territorium, und natürlich können uns weder Propagandafilme noch die nachsichtigen Berichte einiger »Touristen« in ausreichendem Maß über den gegenwärtigen Zustand des religiösen Lebens in Tibet informieren ...

Damals rief dieser kulturelle Völkermord kaum mehr als vereinzelte zaghafte Proteste hervor, die lächerlich gering waren. Wer machte sich schon Sorgen um die Tibeter? Die westlichen Demokratien, denen der »Kalte Krieg« keine Ruhe ließ, vernachlässigten das Los der »zurückgebliebenen« Völker (die Afghanen haben vor kurzem eine vergleichbare Behandlung erfahren).

Heute scheint die Besetzung Tibets durch die Kommunisten gebilligt zu werden, und die europäischen politischen Führer haben sich gehütet, den Dalai Lama zu empfangen, ... um die chinesischen Machthaber nicht zu brüskieren! Der Bau eines Kernkraftwerks ist nun einmal mindestens soviel wert wie ein Volk.

Den tibetanischen Flüchtlingen ist es jedoch mit außergewöhnlichem Mut und Glauben gelungen, ihre kulturelle und religiöse Tradition gegen alle Stürme und Gezeiten der Geschichte hindurch beizubehalten. Dieses Phänomen ist gewissermaßen beispiellos, wenn man einmal von der jüdischen Diaspora absieht, die im Lauf der Jahrhunderte einen gleichen Kurs gesteuert hat.

Doch im Verlauf der Sechziger Jahre ereignete sich etwas Außergewöhnliches. Nach Jahren der Isolation (nur Indien unter Nehru wagte es, einige Teile des Territoriums freizugeben) genossen die Tibeter eine unglaubliche Popularität bei der Jugend der westlichen Länder.

Angeregt von der Lektüre großer Reisender (dabei muß man vor allem Alexandra David-Neel würdigen), brachen Tausende von jungen Menschen in den Orient auf, wohnten in Klöstern, und einige von ihnen unterzogen sich der geistigen Unterweisung, die ihnen die Lamas großzügig zuteil werden ließen.

Die tibetanischen Meister kamen spontan dieser unerwarteten Bitte nach, wobei sie genau spürten, daß sie bei den meisten einer übertriebenen Schwärmerei und vorübergehenden Mode entsprang.

Nichtsdestotrotz bot der geistige S.O.S.-Ruf, der zuerst von den kalifornischen Studenten ausging und später von der europäischen Protestgeneration aufgenommen wurde, den Lamas, die befürchteten, ihre jahrhundertalte Tradition auf ewig verschwinden zu sehen, eine geradezu wunderbare Chance.

Heutzutage haben die von dieser Brandungswelle mitgetragenen Tibeter so ziemlich überall in den Vereinigten Staaten und in Europa Niederlassungen gegründet.

Jeden Tag nehmen Hunderte von Menschen der westlichen Welt an rituellen Zeremonien und Priesterweihen teil, praktizieren die buddhistische Meditation und lernen bei den größten Weisen die seit Jahrhunderten überlieferten Lehren.

In der Schweiz, in Schottland, in Paris, in Colorado, in der Dordogne, in der Provence zelebrieren frischgebackene, im katholischen, protestantischen oder jüdischen Glauben geborene Lamas andächtig Opferriten, durch die sie die Schutzgottheiten anrufen, und versenken sich in ihre innere Wirklichkeit, zu der ihnen die tibetanischen Gurus den Zugang eröffnet haben.

Wir können natürlich nicht die langfristige Entwicklung dieser erstaunlichen spirituellen Bewegung vorhersehen, aber es erscheint zum gegenwärtigen Zeitpunkt relativ sicher, daß das Wesen der tibetanischen Kultur erhalten bleiben wird.

Dabei stellt sich nun die Frage, wie und warum ein derartiger Austausch sich vollziehen konnte, ohne daß die tibetanischen Glaubensüberzeugungen auch nur im mindesten an Authentizität verloren.

Die Lamas sind nie Kompromisse eingegangen, haben niemals versucht, ihre Tradition den Gegebenheiten anzupassen. Sie haben ihre Riten beibehalten, ihre kultischen Handlungen fortbestehen lassen, ihren Gottheiten weiterhin Andachten gewidmet.

Von den Festungen der Lama-Klöster in Lhasa bis zu den Ufern des Pazifik hat sich die tibetanische Tradition nicht um einen Grad geändert, wobei sie problemlos die Umgebung ignorierte und ohne jegliche Verfallserscheinungen dieselben buddhistischen Wahrheiten lehrte.

Aber warum ist das so?

Die erste Erklärung betont das Ausmaß des Niedergangs aller geistigen Werte des Abendlandes. Der industrielle und technologische »Fortschritt« ist offensichtlich unfähig, die angeborenen religiösen Bedürfnisse zu befriedigen, die dem Herzen eines jeden Menschen innewohnen.

Das ist auch der Grund dafür, daß die Jugend der westlichen Welt, die in der sogenannten »Konsumgesellschaft« aufgewachsen ist, sich gerade den Tibetern zugewandt hat, die in ihren Augen eine tiefe metaphysische Wahrheit verkörperten, die eine Antwort auf ihre existentiellen Ängste geben konnte.

Bereits in den Dreißiger Jahren rief der Dichter Antonin Artaud die tibetanische Weisheit angesichts einer haltlosen Menschheit zu Hilfe. Seine Haltung und seine Überzeugung weisen bereits auf die immense Verwirrung hin, die sich sehr bald unter der Nachkriegsgeneration breitmachen sollte.

Rede an den Dalai Lama

»... Wir sind Deine sehr ergebenen Diener, oh großer Dalai Lama, gib uns, sende uns Deine Erleuchtung in einer Sprache, die der verseuchte Geist von uns Europäern zu verstehen vermag, und wenn nötig, verändere unseren Geist, verleih uns einen Geist, der sich zu den vollkommenen Gipfeln aufschwingt, wo der Geist des Menschen nicht mehr leidet.

Gib uns einen Geist ohne alle Gewohnheit, einen Geist, der dem übergeordneten Geistigen untersteht, oder aber einen Geist mit den reinsten Gewohnheiten, den Deinigen, wenn sie der Freiheit dienen.

Wir sind umgeben von runzligen Päpsten, von Literaten, Kritikern, Hunden, unser Geist bewegt sich zwischen den Hunden, die dem irdischen Denken verfallen sind, die unverbesserlich in der Gegenwart denken ...«

Seit dieses prophetische Feuer erloschen ist, hat das Mißbehagen in der Zivilisation unaufhörlich zugenommen, und der Zufall der Geschichte hat es so gewollt, daß die Tibeter, die lange Zeit in ihren unerreichbaren Zitadellen eingeschlossen waren, »herabstiegen«, um ihre Weisheit zu verkünden ...

Es wird klar, daß sie es nicht nötig hatten, sich anzupassen. Ihre Besucher erwarteten von ihrem geistigen Zeugnis geradezu, daß es authentisch war, sie waren bereit, ihnen demütig zuzuhören, ohne Einschränkung und ohne Protest.

Aber die Wahrhaftigkeit dieses rituellen und kultischen Fortbestehens kommt aus dem Wesen des Buddhismus selbst, den sie lehren, und aus der sinnbildlichen Substanz seiner Anwendung.

Die Lamas, Meister, Weisen, Einsiedler und Gurus haben Jahrhunderte hindurch *ein symbolisches Double*, ein imaginäres, von Göttern, Gottheiten, Feen, Dämonen, Buddhas und Bodhisattvas bevölkertes Land geschaffen. Nach und nach wurde das »wahre« Tibet, durch die genaue Beachtung der Rituale, zur flüchtigen und vorübergehenden Materialisierung eines geistigen Universums, das ein jeder seinen Gaben, Fähigkeiten und persönlichen Eigenschaften gemäß in sich barg.

Auf diese Weise entwickelte sich eine außergewöhnliche magische und rituelle Tradition, die, im Bewußtsein der Gläubigen verwurzelt, unmerklich stärker, lebendiger und realer wurde als das Land, das sie hervorgebracht hatte ...

Als ihr kostbarstes Gut haben die Verbannten diese spirituelle Vision »mitgenommen«, die ständig von umfangreichen Riten neu entfacht wurde, von esoterischen Lehren unterstützt, von Gebeten und magischen Formeln bereichert, von Zaubersprüchen gestärkt, von einer bewundernswerten Ikonographie illustriert und von körperlich-seelischen Techniken belebt, die die wenigen westlichen Ärzte verblüfften, die es überhaupt gewagt hatten, sich damit zu beschäftigen ...

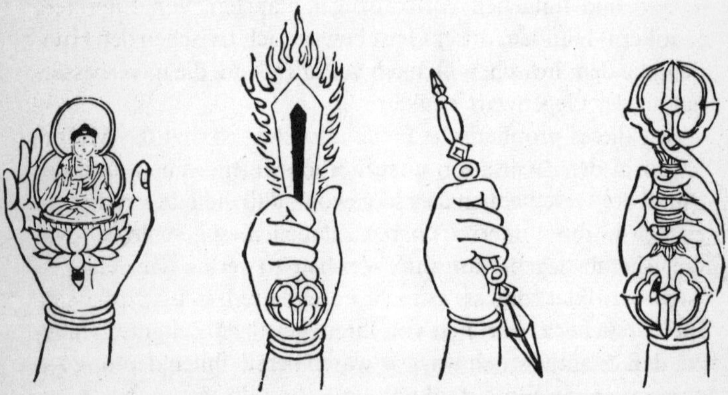

Man könnte sagen, daß die tibetanischen Lamas, bereits lange bevor sie aus ihrer Heimat fliehen mußten, in ein unsichtbares, parallel verlaufendes Universum »entschwunden« waren, das in ihren Augen die wahre und einzige Wirklichkeit bildete.

Die suggestive Kraft dieser Riten und Zeremonien ist in der Tat gewaltig. Der Europäer, der in dieses spirituelle Milieu eintaucht, wird sich, nachdem die unvermeidliche exotische Anziehungskraft ihren Reiz verloren hat, eines geistigen Raums bewußt, der ebenso reich wie unergründlich ist.

Sehr schnell gewinnt eine über Äußerlichkeiten, Musik und Gesänge hinausgehende Wahrnehmung die Oberhand. Die

»äußere« Welt gleicht mit einem Mal einem Trugbild. Nur die unsichtbare Wirklichkeit hat Bestand, die unaussprechliche Freude, ganz einfach zu existieren.

Ich kann dieses Phänomen bezeugen. Es war mir vergönnt, sowohl in Paris als auch in den Klöstern von Rewalsar (Nordindien) und Bodh-Gaya (Ort der Erleuchtung Buddhas) tibetanischen Zeremonien beizuwohnen. Unbestreitbar vereinigte die gleiche Atmosphäre, die gemeinsam erlebte Inbrunst der Gläubigen aus allen Himmelsrichtungen den Geist der Anwesenden.

Es müssen noch die Hauptaspekte dieser Lehre dargestellt werden, die nicht nur den tibetanischen Buddhismus begründet haben, sondern ihm auch erlaubt haben, in Ländern Fuß zu fassen, die aus ihrer Tradition heraus der orientalischen Spiritualität gegenüber skeptisch, wenn nicht sogar feindselig eingestellt sind.

In einer chaotischen Welt, die Opfer politischer Unbeständigkeit ist, intellektuellen Zerfallserscheinungen ebenso ausgesetzt wie der Zerstörung alter Werte, eröffnet der tibetanische Buddhismus einen ziemlich einzigartigen Weg.

Der Geist der Menschen, die sich dem Orient zuwenden, ist im allgemeinen unruhig, oft in panischem Schrecken befangen. Die Tibeter, die sich dieses entscheidenden psychologischen Aspekts bewußt sind, bieten eine Reihe von *Zufluchtsmöglichkeiten* (die buddhistische Priesterweihe heißt übrigens Zufluchtsuche: Zuflucht in Buddha, Zuflucht im Dharma [dem Gesetz], Zuflucht in der Sangha [der Gemeinschaft]).

In vielerlei Hinsicht wirkt der Buddhismus wie ein probates Heilmittel gegen die unzähligen Schrecken, die über unsere untergehende Kultur hereinbrechen. Die Zukunft wird darüber entscheiden, ob diese Zuflucht richtig war.

Man muß vor allem die *Authentizität* der tibetanischen spirituellen Tradition erwähnen. Die Gurus und Meister geben eine jahrhundertealte Lehre weiter. Der von Unsicherheit und Wissen aus zweiter Hand hin- und hergeworfene Europäer findet plötzlich einen stabilen Weg, ohne Doppelsinn, der erleichternd und bereichernd ist.

Einige werden über diese Suche nach Sicherheit spotten und auf die spirituelle Notwendigkeit hinweisen, im ständigen Zweifel und mit offenen Fragen zu leben, aber nicht alle, die sich für die Wahrheit begeistern, sind bereit, so zu leben.

Der tibetanische Buddhismus führt früher oder später zur schwierigen und gefährlich einsamen Suche nach dem Geistigen, aber er besitzt das unermeßliche Verdienst, einen Mittelweg anzugeben – und sei es nur vorübergehend –, der von Geländern gesäumt ist und in Wegstrecken eingeteilt, die gleichzeitig als Stufen dienen, die den fortwährenden Aufstieg sichern.

Sobald dank der Ausübung gewisser Rituale und dank der Zelebration bestimmter kollektiver oder individueller Zeremonien (jeder Buddhist »besitzt« seinen eigenen Altar) eine gewisse Linderung erreicht und der geistige Frieden bis zu einem bestimmten Grad wiedergewonnen ist, kann die eigentliche Unterweisung beginnen. Diese Lehre besitzt Eigenschaften des Tantrismus, (s. das Buch über Tantrismus in dieser Reihe), d. h., sie ist *praktisch anwendbar*, *konkret* und *wirkungsvoll.*

Der tibetanische Tantrismus ist keine Flucht, im Gegenteil, er lehrt den besten Umgang mit den Problemen, der darin besteht, sie zu verstehen und sie zu lieben.

Der tibetanische Tantrismus läßt die individuellen Konflikte verschwinden, indem er sie einen nach dem anderen reinigt, angreift und in Energie umwandelt.

Man könnte die Techniken, die von den tibetanischen Lamas gelehrt werden, mit einem Sieb oder Filter vergleichen, durch den die Gefühle, Leidenschaften und Begierden mit größter Sorgfalt hindurchgefiltert werden.

Die Erfahrung des menschlichen Lebens hat sich im Verlauf von Jahrtausenden nicht geändert. Man wird geboren, leidet und stirbt.

Auf die unzähligen Fragen, die spontan dem Wesen des Seins entspringen, »Wer bin ich?«, »Hat das Leben einen Sinn?«, »Warum tut man dieses anstelle von jenem?«, »Was ist Liebe?«, antworten die Buddhisten mit wunderbarer Einfachheit und seelischer Ausgeglichenheit.

Die Lehre des Buddhismus hat sich seit fünfundzwanzig Jahrhunderten dieselbe Frische, dieselbe Reinheit und dieselbe Wahrhaftigkeit erhalten.

Die buddhistische Doktrin ist nicht dogmatisch. Sie paßt sich auf natürliche Weise allen Situationen an und löst alle menschlichen Widersprüche unabhängig von vorübergehenden kulturell bedingten Verhaltensweisen. Sie trifft direkt ins Ziel.

Das Leben bei den Lamas in einem Kloster hat nichts zu tun mit einem Ausweichen vor Schwierigkeiten, mit einer verlogenen Weigerung, sich den »wahren Problemen« zu stellen.

Die Meister lehren uns, das zu werden, was wir im tiefsten Innern sind, lehren uns, unsere wahre Natur zu entdecken.

Früher oder später werden wir dahin gelangen, unseren inneren Konflikt erneut in seiner Gesamtheit zu betrachten und nicht nur unter seinen engstirnigen, flüchtigen und vorübergehenden Aspeken.

Von nun an sind wir nicht nur im Besitz einer Erklärung, sondern haben eine Perspektive, einen Hintergrund, der dem von tausend ebenso schnell verfliegenden wie unnötigen Sorgen belasteten Bewußtsein Erleichterung verschaffen wird.

Ehe man den tibetanischen Buddhismus als »überholte exotische Überzeugung« abtut, empfiehlt es sich mit Sicherheit, ihn von Grund auf zu studieren, wobei man sich der persönlichen Gründe des eigenen Interesses daran ständig bewußt sein sollte.

Die buddhistische Lehre trifft im Moment genau auf eine Zeit der Krise in der westlichen Welt. In Wahrheit bringt sie weniger religiöse Sicherheit als vielmehr eine geistige Lösung für die zeitgenössischen Widersprüchlichkeiten.

Der tibetanische Buddhismus ist offensichtlich weniger »radikal« als bestimmte indische oder chinesische Lehren (s. die Bücher über Vedantas und Zen in dieser Reihe), er gewährt nicht sofort Zugang zur nicht-dualen Erkenntnis sondern bietet Zwischenstufen der Annäherung: Riten, Initiationsrituale, Mandalas, Zeremonien …

Diese Annäherungen stellen Abstufungen, Stützen, »Absicherungen« dar. Man muß zugestehen, daß diese Techniken für die Mehrzahl der Gläubigen unerläßlich sind, die nicht in der

Lage wären, sofort den steilen und schwierigen Weg zu beschreiten.

Nichtsdestoweniger weichen die großen tibetanischen Lehren (das Mahamudra, das Yoga der Erkenntnis des Geistes in seiner Nacktheit) nicht im geringsten von anderen Formen der nicht-dualen Meditation ab.

Der Unterschied ist hauptsächlich pädagogischer Natur. Jede Lehre wählt die Form der Annäherung, die ihr am ehesten entspricht.

Die Tibeter umgeben sich mit Vorliebe mit einem beeindrukkenden rituellen »Apparat«, sie lieben es geradezu, um sich ein »Netz« von Symbolen, Gottheiten und Boddhisattvas zu errichten.

Es liegt auf der Hand, daß die Menschen, die sich ganz natürlich vom tibetanischen Buddhismus angesprochen fühlen, in den Bann der bewundernswerten Schönheit der Kunst der Lamas geraten werden; das Vergnügen des Betrachters einer Tanka (ein symbolisches Gemälde auf Seide gemalt) oder einer Statue nimmt jedoch bereits die innere Glückseligkeit vorweg, die sich am Ende der Unternehmung auch ohne Objekt einstellen wird.

Es ist in der Tat notwendig, auf den künstlerischen, ikonographischen und architektonischen Aspekt des Buddhismus hinzuweisen, der alles andere als zu vernachlässigen ist, und der ebenso stark zur Kenntnis wie zur Verbreitung der Lehre beiträgt.

Ein mehr oder weniger ungläubiger Mensch, der jeglicher Religion feindselig gegenübersteht und dem die vielschichtige Lehre des Buddhismus vollkommen fremd ist, kann durch die Beobachtung eines Mandala mit einem Mal die letzte Wahrheit über sein Leben ahnen. Natürlich bleibt diese Ahnung mit größter Wahrscheinlichkeit unbewußt, aber es ist gut möglich, daß dieses harmonische Vergnügen eines Tages reichere Früchte tragen wird ...

Ehe ich dem Leser den Aufbau dieses Buches vorstelle, ist es meine Pflicht, ihn zu ermutigen, selbst wenn er auch nur eine vage Versuchung verspürt, sich »die Tibeter einmal näher anzuschauen«.

Aber ehe man diesen Schritt tut, ist es wichtig zu lernen, wie man aufgrund der erlebten Erfahrung seine wahren Beweggründe, die tiefere Motivation seines Interesses für die Tibeter erkennt, ohne sie abzuwürgen oder darüber zu urteilen.

Es wäre schade, wenn man eine spirituelle Reise unternähme, wie man ins Kino geht oder in Urlaub fährt, um auf andere Gedanken zu kommen, seine Sorgen zu vergessen, als »Tapetenwechsel« ...

Von dem Moment an, in dem Ihnen klar wird, warum der tibetanische Buddhismus Sie anzieht, und daß es sich nicht nur um eine Kapriole oder eine vorübergehende Laune handelt, werden Sie schließlich zweifellos das verwirklichen, was Sie immer gesucht haben ...

ERSTER TEIL

Die Geschichte des tibetanischen Buddhismus von den Anfängen bis zur heutigen Zeit.

Der Buddhismus erreicht Tibet etwa zweitausend Jahre nach dem Tod seines Begründers Gautama.

Von daher ist es unmöglich, den tibetanischen Buddhismus beschreiben zu wollen, ohne auf seine Ursprünge, das Leben Gautamas, seine großen Glaubensgrundsätze sowie seine spätere Entwicklung einzugehen.

Das Mahayana (oder Buddhismus des Großen Fahrzeugs) umfaßt die Gesamtheit der tibetanischen Metaphysik, und seine genaue Kenntnis ist deshalb unerläßlich.

Dieser erste Teil schließt mit einem Umriß des indischen tantrischen Buddhismus, dessen Missionare als erste nach Tibet geschickt wurden.

Danach behandeln wir die eigentliche Geschichte des tibetanischen Buddhismus, wobei wir auf die lokalen Schamanenkulte (die Bön-Religion) eingehen und anschließend eine Gesamtübersicht der verschiedenen Lama-Sekten (Gelb-Mützen und Rot-Mützen) geben.

ZWEITER TEIL

Darin legen wir die wichtigsten Grundsätze der tibetanischen Metaphysik dar, die des VAJARAYANA oder des »Diamantenen Fahrzeugs«, gefolgt von einer Darstellung der Initiationsriten, der Methoden der Visualisierung (Schauung) von Gottheiten, usw. ...

DRITTER TEIL

Darin wird der Versuch unternommen, die verschiedenen Initiationspraktiken der Tibeter zu erklären.

– *Das Mandala:* Dabei handelt es sich um symbolische Malereien, die dazu bestimmt sind, die fortschreitende Verinnerlichung des Sektenanhängers voranzutreiben, wobei er das Zentrum des Mandala mit seinem eigenen freien Willen identifiziert.

– *Das Bardo:* ein Text, der am Totenbett eines Sterbenden gelesen wird und die Visionen nach dem Tode beschreibt; in Wirklichkeit ist dieses Buch auch ein Handbuch der täglichen Meditation.

– *Die Techniken der Visualisierung (Schauung):* Der Anhänger »verkörpert« eine Gottheit, mit der er nach und nach seine Leidenschaften und inneren Energien identifiziert.

– *Die Beziehung zwischen Meister und Schüler:* Mit Hilfe der Biographien der großen tibetanischen Gurus Marpa, Milarepa, Drukpa Kunley untersuchen wir die verschiedenen Formen der Pädagogik sowie die Art und Weise der Überlieferung esoterischer Lehren.

– *Das Mahamudra*

– *Das Yoga der Erkenntnis des Geistes in seiner Nacktheit*

Wir werden die wichtigsten Schriften des tantrischen Buddhismus kommentieren, d. h. des Weges der nicht-dualen Erkenntnis, der Entsagung, der Loslösung, der unveräußerlichen Freiheit von Leidenschaften, von Ideen und von vielfältigen Gedanken.

Dieses Buch endet schließlich mit der Einordnung der geistigen wie der therapeutischen Aktualität des tibetanischen Buddhismus in der heutigen Gesellschaft.

बुद्ध

ERSTER TEIL
GESCHICHTE DES BUDDHISMUS

I. Der indische Buddhismus

Leben und Lehre des Gautama Buddha – Das Mahayana oder die Lehre vom Großen Fahrzeug – Nagarjuna und die Schule des Madhyamika – Die Schule des Yogacara oder Vijnavada – Der tantrische indische Buddhismus – Die Lehre vom Mitleid und von den Boddhisatvas – Die göttliche Dreieinigkeit – Die Identität von Nirwana und Samsara – Zeit und Raum – Das Wesen des Geistes – Weisheit und Unwissenheit

A) Leben und Lehre des Gautama Buddha

Eigentlich wissen wir nur sehr wenig über das Leben des Begründers des Buddhismus.

Beim gegenwärtigen Stand der Forschung ist es praktisch unmöglich, zwischen der historischen Wahrheit und den Legenden, den mehr oder weniger sagenhaften Berichten zu unterscheiden, die sich im Lauf von siebzehnhundert Jahren angesammelt haben.

Dank der Werke von Gelehrten, die sich auf bestimmte wesentliche Gesichtspunkte konzentrieren, können wir nichtsdestotrotz in groben Zügen die entscheidenden Momente seines geistigen Abenteuers nachvollziehen.

Der Weg des Gautama besitzt eine eigene pädagogische Bedeutung, seine Suche ist nicht nur für die Buddhisten exemplarisch, sondern für alle, die die Wahrheit suchen, sich für die Weisheit begeistern und dem Zweifel und der alltäglichen Angst ausgesetzt sind.

Heutzutage leiden die meisten von uns unter Sorgen und Unsicherheiten, die denen vergleichbar sind, die vor fast zweitausendfünfhundert Jahren die lange und beschwerliche Suche Buddhas ausgelöst haben.

Die Abendländer haben eine »natürliche« Neigung, dem Buddha jüdisch-christliche Eigenschaften zuzuschreiben, und es ist von daher nützlich, als Einleitung einige dem Buddhismus eigene Merkmale zu erläutern.

Die Suche Gautamas ist durch und durch menschlich, sie beruht nicht auf göttlichem Auftrag oder prophetischer Vorherbestimmung. Ihre Botschaft von der Befreiung rührt nicht von einer transzendentalen Autorität her, sondern wendet sich an die Menschen im Hier und Jetzt.

Die buddhistische Suche wurzelt im gewöhnlichen Leben, ohne sich auf irgendeinen paradiesischen oder übernatürlichen Zustand zu beziehen. Der Buddhismus ist eine Religion ohne Gott. Diese Besonderheit überrascht die mit den seltsamsten Überzeugungen vertrauten Menschen des Abendlandes immer wieder.

Einige Berichterstatter, die von ihren eigenen Vorurteilen geblendet waren, haben nicht gezögert, den Buddhismus als eine »gottlose« geistige Strömung zu definieren. Im folgenden wird man sehen, was von diesem sehr doppeldeutigen Begriff zu halten ist …

Das Leben Buddhas

Gautama wird um 558 vor Christus in einem kleinen nepalesischen Königreich geboren, dessen Erbe er unter dem Namen Prinz Siddharta antritt. Mit sechzehn Jahren heiratet er, und seine Frau schenkt ihm einen Sohn. Seine ersten Jahre verlaufen friedlich, in beglückender Seligkeit, mit Vergnügungen, Spielen und Leidenschaften.

Seine Diener bemühen sich, ihn vor den harten Realitäten, die zum menschlichen Leben gehören, zu beschützen, aber trotz ihrer Fürsorge macht er die erschütternde Entdeckung von Leiden und Tod.

Nachdem er lange Zeit abseits gehalten, in seinem Palast eingesperrt und behütet gewesen war, kannte er das Elend, die Leiden und Schrecken nicht, die dennoch das tägliche Los der Unglücklichsten ausmachen.

Zutiefst in seinem Gewissen beunruhigt, von diesen unerwarteten Enthüllungen erschüttert, entschließt er sich plötzlich mitten in der Nacht aufzubrechen, alles aufzugeben, auf die Straße zu gehen, um seine Nahrung zu betteln, damit er, koste es, was es wolle, die Wahrheit und den Sinn des Lebens finde.

Er beschließt, zuerst in die heilige Stadt Benares zurückzukehren, in der zahlreiche Weise, Gelehrte, Pandhits, Asketen, Künstler und Musiker leben.

Die geistige Atmosphäre dort ist außergewöhnlich. Die Meister und Lehrer, die ihr Wissen weitergeben, sind zahlreich. Gautama trifft auf einen berühmten Pandhit, einen Rechtsgelehrten, der ihn, ohne zu zögern, die Dogmen und Prinzipien der Religion lehrt.

Als ausgezeichneter Schüler hat sich Gautama sehr bald die

Grundbegriffe einverleibt und erweist sich rasch als fähig, alle Register der gelehrten Diskussion zu ziehen. Er fängt selbst an, Reden zu halten, mit anderen Pandhits Streitgespräche im Schatten der an den Ufern des Ganges aufgestellten Sonnenschirme zu führen.

Aber sein Weg ist ein anderer, seine Bedürfnisse lassen sich nicht durch die Gelehrsamkeit befriedigen. Unendliche Diskussionen über unklare Punkte der Lehre ermüden ihn.

Gautama wird sich darüber klar, daß die scholastische Methode ohne Ausweg ist, daß sie nur eine vorübergehende intellektuelle Befriedigung verschafft, aber mitnichten die Wahrheit des Seins in sich birgt. Seine schmerzhaften Fragen über den Sinn des Lebens finden keine Antwort im Studium der heiligen Texte des Lebens.

Gautama wendet sich folglich vom diskursiven logischen Denken ab, das nur den persönlichen Ruhm begünstigt, ohne der Erkenntnis dienlich zu sein.

Nach dem Abschied von seinem ersten Meister bricht er in die Wälder auf und schließt sich den Anhängern des Yoga, den Asketen, den Einsiedlern und den Klausnern an, die durch das Praktizieren Ausdauer erfordernder körperlicher Übungen nach der Wahrheit suchen.

Von seinen Studienjahren übersättigt, wendet sich Gautama mit Freude und Entschlossenheit dem Bereich des Yoga zu.

Unter der unerbittlichen Zuchtrute eines großen Meisters lernt er seinen Willen zu überwinden, seine Widerstände aufzugeben und seine Wünsche zu unterwerfen. Entbehrungen, Kasteiungen, Fasten. Er nimmt die schwierigsten Übungen auf sich.

Seine Gefährten hält er für zu halbherzig und hört nicht auf, sein Tun auf geradezu fanatische Art und Weise zu vertiefen.

Vier Yogis begleiten ihn auf seinem aufsehenerregenden Weg. Gautama gleicht einem Skelett, sein Zustand schwächt sich von Tag zu Tag. Aber seine Fragen bleiben ohne Antwort ...

Eines Tages durchfährt ihn nahe der Stadt Gaya die Erkenntnis, daß diese strenge Askese zu nichts führt, vor allem nicht zur

Wahrheit. Die intensive Praxis des Yoga stellt sich als ebenso unselig heraus wie das Studium und die Anhäufung von dogmatischem Wissen.

Seine Freunde verlassen ihn. Müde und verdrossen setzt er sich unter einen ehrwürdigen Baum und beschließt, ohne Unterbrechung zu meditieren, bis er sich von seiner psychologischen Last befreit hat.

Gautama meditiert ohne Unterlaß die ganze Nacht hindurch. Die Sterne erlöschen einer nach dem anderen.

Nur der Polarstern leuchtet noch im trüben Licht der Morgendämmerung.

Plötzlich »erkennt« Gautama.

Man fragt sich oft nach dem Sinn der geistigen Erkenntnis, die auch Erwachen, Erleuchtung oder Erkennen seines eigenen Wesens genannt wird.

Die Weisen haben sich immer geweigert, den Prozeß der Erleuchtung zu beschreiben, der eine innere Erfahrung bewirkt, die jenseits der Sprache liegt und nicht vermittelbar ist. Die Übermittlung der Erleuchtung geschieht non-verbal, schweigsam, von Seele zu Seele.

Man kann nur ganz einfach feststellen, daß Gautama von einer Sekunde auf die andere von seinen Fragen, Zweifeln und Ängsten befreit ist. Es wird ihm klar, daß Bewußtsein und Universum eins sind.

Gautama ist ein Buddha geworden, ein lebendig Befreiter. Er ist in der Welt der irregeleiteten Phänomene gestorben, um im unerschaffenen Bewußtsein wiedergeboren zu werden, das in alle Ewigkeit existiert.

Als er begreift, daß diese unaussprechliche Erfahrung das wahre Ziel der menschlichen Existenz bildet, die dieses Namens würdig ist, beschließt er spontan, die Menschen, die noch Gefangene ihrer Verhaltensmuster (Konditionierungen) sind, die Mittel zu lehren, die es ihnen ermöglichen, zu dieser allerhöchsten Erkenntnis zu gelangen.

Wir befinden uns im April/Mai des Jahres 523 vor unserer Zeitrechnung, der Buddha ist geboren. Gautamas erste Aufgabe besteht darin, Benares zu erobern, um seine Erfahrung mit

der der Pandhits und Asketen zu konfrontieren. Er hat nicht vor, eine Berechtigung von den religiösen Autoritäten einzuholen, sondern will im Gegenteil die Vorherrschaft seiner Lehre gegenüber den anderen Doktrinen durchsetzen.

In einem Gazellenpark sitzend predigt er ohne Unterlaß. Seine vier Weggefährten, die von seinem Erlebnis überzeugt sind, sind wieder zu ihm gestoßen.

Wir wissen nicht genau, wie Buddha aufgenommen wurde, aber es gibt keinen Zweifel daran, daß seine Botschaft, die den hinduistischen Thesen radikal entgegengesetzt war, das Mißtrauen und die Mißbilligung der Brahmanen und Pandhits hervorrief.

Zurückgezogen in einem kleinen Dorf (Sarnath) lebend, errichtet er das endgültige Fundament seiner Lehre. Diesen entscheidenden Vorgang in der Religionsgeschichte nennt man »Anstoßen des Rads des GESETZES (Dharma)«.

Der Buddhismus war somit geboren und breitete sich aus wie ein Lauffeuer. Tausende von Menschen folgten Buddha eilends nach, Gemeinschaften bildeten sich, strenge Vorschriften wurden erlassen.

Bis zu seinem Tod im Jahr 478 wurde Buddha nicht müde, das Land zu durchstreifen, gefolgt von seinen Mönchen und von Scharen seiner gläubigen Anhänger.

Es ist ziemlich aufregend für den heutigen Beobachter, den Erfolg dieses spirituellen Ereignisses und vor allem seinen sozusagen spontanen Übergang in eine geregelte, kodierte und genau festgelegte Religion festzustellen (die Vorschriften haben sich im Lauf der Jahrhunderte nicht geändert und werden noch heute bis ins Detail befolgt).

Man muß zwangsweise daraus schließen, daß der Buddhismus einem Bedürfnis entsprach, eine verlorengegangene geistige Wahrheit predigte und die im Niedergang begriffenen traditionellen Überzeugungen erfolgreich verdrängte.

Die Lehre

Die ursprüngliche Lehre Buddhas (wie sie in den Sutras, Gebeten in Versform, überliefert ist) stellt sich nicht als ein auf dogmatischen Begriff basierendes System oder als eine theoretische Philosophie dar. Man könnte sie mit einer Art therapeutischer Diagnostik vergleichen, die mit einer Reihe von Rezepten ausgestattet ist, die Heilmittel zum täglichen Gebrauch verschreiben.

Der ursprüngliche Buddhismus hat mehr von spiritueller Medizin als von Religion im gewöhnlichen Sinn des Wortes.

Die Idee eines Schöpfers oder einer individuellen Seele (Atman) ist ebenfalls aufgegeben zugunsten sorgfältiger präziser Regeln, ohne mystische Hintertüren, ohne Rückhalt eines von der Vorsehung bestimmten, göttlichen Schicksals.

Die komplizierten Motivationen des Individuums werden als einzige Quelle der Freuden und Leiden betrachtet, die jeden Menschen unterschiedslos beeinflussen.

»Die Welt wird ständig durch die guten und schlechten Taten der Menschen erschaffen.«

Nach der von Buddha eröffneten Perspektive gehört es zum Menschen, sein wahres Wesen zu erkennen, indem er spontan den genauen Sinn seiner Frage begreift.

Die Vier Heiligen Wahrheiten

Als er zu predigen anfing, wählte Gautama eine klare Sprache ohne dogmatische Doppeldeutigkeit, um von allen verstanden zu werden, wobei er es sorgfältig vermied, sich in die Fallstricke der philosophischen Interpretation zu verwickeln.

Die Vier Heiligen Wahrheiten bilden die Grundlage seiner gesamten Lehre. Das wahre, nicht-intellektuelle, in Seelenfrieden wurzelnde Verständnis dieser mit unerbittlicher Logik ausgesprochenen Sätze ist unleugbar der Schlüssel zum Buddhismus.

1. *Alles ist Leiden*

Diese Behauptung ist essentiell. Es handelt sich nicht darum, ihr im Lauf einer geistigen Reflexion zuzustimmen, sondern sich ganz von ihr durchdringen zu lassen. Diese Feststellung ist weniger Dogma als vielmehr der Erfahrung entspringende Wahrheit. Gautama selbst hatte ihr erst zugestimmt, nachdem er gelernt hatte, das Wesen unserer Existenz zu begreifen.

2. *Der Ursprung des Leidens ist das Begehren*

Wir leiden, weil wir ständig dazu getrieben werden, etwas zu begehren, das wir nicht kennen. Das Begehren zieht unausbleiblich das Leiden nach sich.

Nie sind wir völlig frei und glücklich zu leben. Ständig wollen wir mehr erhalten; Gegenstände, eine bestimmte Situation, einen geliebten Menschen.

Man kann dieses Begehren auch durch Durst oder Appetit ausdrücken. Wir sind begierig danach zu nehmen, zu ergreifen, zu besitzen.

Indem er Leiden und Begehren miteinander in Verbindung

bringt, streut Buddha Salz in die offene Wunde der menschlichen Existenz.

Um uns zu befreien, müssen wir lernen, ihre unvermeidliche Verkettung zu erkennen.

3. *Die Befreiung vom Leiden besteht in der Abschaffung des Begehrens*

Das Leiden kann nicht von selbst erlöschen wie eine niedergebrannte Kerze. Nur das Erkennen seines wahren Grundes – der Gier – kann uns aus dem Gefängnis befreien, in dem wir eingesperrt sind.

Die Unterdrückung der Wünsche, die man nur dann erreichen kann, wenn man deren Nichtigkeit und die Bedingungen, durch die sie hervorgerufen werden, erkennt, ist die Voraussetzung der geistigen Befreiung.

4. *Die Wege, die zum Ende des Leidens führen*

Die Antwort Gautamas definiert das Bestreben des Buddhismus. Wenn wir uns ständig von den Sinnen hin- und herreißen lassen, tun wir nichts anderes, als der Tyrannei der unersättlichen Leidenschaften nachzugeben. Wir versteifen uns darauf, in unserer Umwelt Kompensationsmöglichkeiten zu finden, die ihrerseits wiederum zu neuem Leiden führen und so fort.

Aber es ist sozusagen unmöglich, plötzlich die Tätigkeit der fünf Sinne zu unterbrechen, indem man sich einer erzwungenen asketischen Disziplin unterwirft.

Die Unterdrückung der Wünsche durch den rationalen Willen ist ein zusätzlicher Grund des Leidens.

5. *Der Weg der Mitte*

Buddha schlägt einen gemäßigten Weg vor, den Weg der Mitte. Ohne den weltlichen Verlockungen zu unterliegen, befürwortet er eine »sanfte« Disziplin, die nicht in die masochistischen Launen der Selbstverstümmelung umschlägt.

Der Weg der Mitte wird beherrscht von Geduld, Aufmerksamkeit und Achtung der irregeleiteten Gedanken.

Von dem Moment an, da wir die wahre Natur der Wünsche erkennen, sind wir befreit vom Leiden, das sie mit sich bringen. Es geht nicht darum, sich zu quälen, der Welt zu entsagen, sondern deren unwirklichen Charakter zu erkennen. Das Leben ist das, was wir aus ihm machen. Leiden und Begierde existieren nicht als solche.

Das Anatta oder die Unbeständigkeit der Dinge

Buddha lehnt es ab, den Empfindungen, Situationen, Gedanken und Dingen eine innere und essentielle Realität zuzugestehen. Nichts existiert außerhalb des unerschaffenen Geistes. Alles ist unbeständig und dem Verschwinden geweiht.

Die Äußerlichkeiten besitzen keinerlei innere Wahrheit, sie bilden lediglich eine undifferenzierte Aufeinanderfolge von Dingen, die sich ihrer Beschaffenheit nach gegenseitig eliminieren oder neutralisieren.

Der Begriff des Anatta ist von grundlegender Bedeutung, da er sich nicht nur gegen die dem Hinduismus eigene Idee des Atman wendet, sondern auch gegen die von Aristoteles ausgehende abendländische Philosophie (Lehre von der Substanz an sich).

Der Buddhismus fällt nicht auf trügerische Erscheinungen herein. In diesem Sinn ist das, was wir etwas pompös »Realität« nennen, nicht mehr als ein Wirbelsturm, der von unseren Wünschen, Leidenschaften, Ängsten und Sinnen hervorgerufen wird.

Von der Doktrin der Unbeständigkeit durchdrungen, stützt sich der konsequente Buddhismus nicht länger auf die äußeren Erscheinungen, um die Idee eines autonomen »Ich« zu untermauern. Keine Lösung ist lange Zeit lebensfähig. Fliehen ist

---

Buddhistisches Gebet ▷

unmöglich. Die erworbenen Kenntnisse werden unaufhörlich in Frage gestellt. Das Universum besitzt nicht mehr Realität als ein Traum; ohne Bewußtsein gibt es keinen Rückhalt.

Buddha hat sich immer geweigert, die ihm gestellte Frage nach der Existenz eines »Selbst« oder eines Atman zu beantworten. Seine Lehre birgt die formelle Verneinung einer derartigen Idee in sich, aber anstatt sich in nutzlose Streitereien verwickeln zu lassen, schweigt er lieber und lächelt ...

Die indischen und europäischen »Philosophen« finden Gefallen daran, diese unsinnige Frage zu erörtern, der Buddhismus jedoch bekräftigt, daß es absurd ist, sie mit dem Verstand beantworten zu wollen. Allein die Erfahrung der Erweckung oder Erleuchtung, die verbal nicht vermittelbar ist, kann unsere Unsicherheit und unsere Zweifel ausräumen.

Gautama hielt sich zurück, gegen dieses dornige und schwierige Thema zu polemisieren und lehnte es ab, seine eigenen Schüler mit seiner Stimme zu unterstützen, wenn sie zu seinen Gunsten argumentierten (einige vertraten die Idee einer unabhängigen Persönlichkeit, andere verteidigten die gegenteilige Position – die Persönlichkeit sei ein lockerer Zusammenschluß von Einzelelementen).

Egal von welcher Seite aus man die Sache betrachtet, ist der gewählte Standpunkt schwer haltbar. Wenn wir ans »Selbst« glauben, widersprechen wir damit automatisch dem Begriff der Unbeständigkeit. Im entgegengesetzten Fall läuft die Leugnung des »Selbst« auf eine Art Rechtfertigung der Vernichtung hinaus, die mit der buddhistischen Weltsicht gleichfalls unvereinbar ist.

Der Weg des Nirwana

Das am Ziel der Erleuchtungserfahrung erreichte Nirwana ist ein allumfassender Bewußtseinszustand, ein vom Denken und dessen Begleiterscheinungen unberührter Zustand der Ruhe und des Friedens.

Es ist jedoch ausgesprochen unsinnig, das Wesen des Nirwana zu erörtern. Wörtlich übersetzt bedeutet dieser Ausdruck *Erlöschen*, d. h. plötzliches Verschwinden aller Begierden.

Das Nirwana kann man nicht erlangen, es geht in Erfüllung.

Der entscheidende Beitrag der buddhistischen Lehre liegt im Erlernen des Mittelwegs, der sich durch das Verdienst auszeichnet, bestimmte Yoga-Praktiken mit einer besonderen Art der Meditation (Dhyana) zu verbinden.

Nichtsdestotrotz sind die Buddhisten nicht müde geworden, über den Begriff des Nirwana zu diskutieren, der sich der jeweiligen Schule entsprechend ständig weiterentwickelt. Die einen heben ausschließlich die körperliche Erfahrung hervor, während die anderen das direkte Begreifen, das intuitive Erfassen in den Mittelpunkt stellen.

Es gibt aber eine einzige Gewißheit, die sie vereint; die äußerste Erfahrung oder Erweckung kann nicht Gegenstand von Theorien sein oder das Ziel einer Askese. Sie besteht in einer Rückentwicklung (Wende) des Geistigen, ein metaphysisches Paradox, das über Sprache nicht vermittelbar ist.

Streitigkeiten der Schulen, doktrinäre Angriffe

Es wäre müßig, in diesem Buch die unzähligen Auseinandersetzungen zu referieren, die den Buddhismus seit dem Tod seines Begründers erschütterten. Die wenigen hier genannten Aspekte der Doktrin werden alle Anlaß zu Diskussionen und Abspaltungen bilden.

Man muß nur wissen, daß der Buddhismus vielfältige Entwicklungsstufen, manchmal einander widersprechender Natur, durchlaufen wird; lediglich die klösterliche Regel (Vinaya) wird von den beiden Hauptströmungen Hinayana und Mahayana anerkannt.

Die folgenden Ausführungen sind ausschließlich letzterer gewidmet, da ihre Entwicklung besonders für den tibetanischen und chinesischen Buddhismus von Interesse ist. Was das Hinayana oder »Kleines Fahrzeug« betrifft (weniger wirklichkeitsfremd und theoretisch, den ersten Sutras nahestehend), so hat es sich sehr früh an eine eher der Ethik fest verbundene Praxis geklammert, die weniger stolz auf die Erweckung ist, als auf die strikte Einhaltung traditioneller Vorschriften (die Vier Wahrheiten).

B) Das Mahayana oder die buddhistische Lehre vom Großen Fahrzeug

Am Ende des ersten Jahrhunderts vor unserer Zeitrechnung teilt sich der indische Buddhismus in zwei große Schulen, in das Mahayana oder Großes Fahrzeug und in das Hinayana oder Kleines Fahrzeug.

Das Hinayana bleibt den ersten Sutras verbunden, während die Gelehrten des Mahayana eine Reihe von neuen philosophischen Ideen »erfinden« sowie eine mystische Einstellung, die den Begriff der Erweckung erweitert und vertieft, der im klassischen Buddhismus relativ »vernachlässigt« worden war.

In diesem Buch werden wir nur das Mahayana behandeln, dessen wichtigste Inhalte ebenso wie die dazugehörigen spirituellen Praktiken in Tibet und China einen gewissen Erfolg verbuchen konnten.

Die indischen Missionare, die aufbrachen, um die Wahrheiten des Mahayana zu lehren, retteten die Doktrin sowie die Schriften, auf denen sie basiert, vor den Invasionen der Muselmanen im XII. Jahrhundert.

Heutzutage sind es die tibetanischen und chinesischen Übersetzungen der Schulen des Mahayana, die den Forschern als Bezugspunkt dienen, da die meisten der Originale zerstört wurden.

Die durch das Mahayana eröffnete Perspektive läßt sich in folgendem Satz zusammenfassen:

**»Niemals die Lebewesen im Stich lassen
und wirklich sehen, daß das Wesen
aller Dinge aus dem Nichts stammt.«**

Das Mitleid und der Begriff der Leere bilden das Fundament des Mahayana.

Wir wollen nun die spirituellen Implikationen dieser »Ideen« untersuchen, wobei wir uns auf den grundlegenden Text des Mahayana, die PRAJNAPARAMITA beziehen, deren Verse täglich von den tibetanischen und japanischen Mönchen rezitiert werden, so wie damals auch von den Anhängern des chinesischen Ch'an.

DIE PRAJNAPARAMITA

Man kann Prajnaparamita-Sutra mit »Predigten über die Vollendung der Weisheit« übersetzen.

Sutra: Predigt
Prajna: Weisheit
Paramita: Lob der Vollendung

Diese Predigten sind in mehreren Bänden zusammengefaßt, von denen einige beträchtlichen Umfang haben (der wichtigste enthält 8.000 Verse).

Die Verfasser sind uns nicht bekannt; der Legende nach soll es sich tatsächlich um Lehren handeln, die Buddha persönlich an einige auserwählte Schüler weitergegeben hat (Ananda und Subhuti), aber logischerweise kann man an dieser direkten Übergabe zweifeln (die Begründer des Mahayana legten Wert darauf, eine gewisse Glaubwürdigkeit gegenüber ihren hinayanistischen »Konkurrenten« zu erhalten).

Ehe wir die beiden Hauptpunkte der Lehre (Mitleid und Leere) näher betrachten, muß zunächst hervorgehoben werden, daß die Prajnaparamita die Gesamtheit der chinesischen und tibetanischen religiösen Praktiken befruchtet und nährt, gleichgültig ob sie liturgisch oder lediglich kontemplativ sind.

Der tibetanische, chinesische und japanische Buddhismus entspringt direkt der mahayanistischen Schule.

Die Lehre vom Mitleid und den Bodhisattvas

Für den Buddhismus des klassischen Zeitalters (die ersten fünf Jahrhunderte vor unserer Zeitrechnung) war der Begriff des Arhat von großer Bedeutung, den man mit Weiser, Asket, Heiliger oder Yogi übersetzen könnte.

Diese Weisen suchten nach ihrer »Zuflucht« (in Buddha, im Dharma, im Sangha) die Befreiung im Nirwana (der geistigen Befreiung vom Leiden). Aber diese Suche blieb sehr individuell, die innere Vorbereitung (Fasten, Kasteiung, Meditation, Abstinenz, strenge Diät) zielte unbestreitbar darauf ab, eine »personalisierte« Form der Weisheit zu erlangen.

Ohne daß es natürlich möglich ist, in bezug auf die Arhats von einem spirituellen Individualismus zu sprechen, muß man trotzdem erkennen, daß die Nächstenliebe ihre geringste Sorge war (worin sie vollkommen mit der hinduistischen Tradition übereinstimmen, vgl. das Buch darüber in unserer Reihe).

Das Mahayana unterscheidet sich von diesem Weg grundlegend, indem es die Notwendigkeit des Mitleids beschworen und den Begriff des Bodhisattva geschaffen hat.

Der Mahayanist muß außer den buddhistischen Gelübden den Eid ablegen, das Seelenheil nicht nur für sich selbst zu suchen, sondern auch für das Wohl aller Lebewesen, und er verpflichtet sich, solange wiedergeboren zu werden, bis die gesamte Menschheit das Nirwana erreicht hat.

Gemäß dieser Sicht ist die Überlegenheit des Bodhisattva über den Arhat unbestreitbar und schafft eine besondere Mystik, in der die Selbsthingabe, die Großzügigkeit, die Güte und das Mitleid über die Askese und die einsam ausgeübte Disziplin dominieren.

Das Mahayana entwickelte sich zugunsten der leidenden Menschheit, seine Anhänger schufen nach und nach ihr eigenes Pantheon, bevölkert von gütigen Bodhisattvas, die sensibel waren für das Unglück der Gläubigen und ohne Unterlaß ihre Gnade verteilten.

Der Bodhisattva läßt sich auf einen hingebungsvollen weltlichen Kult zurückführen. Der leere Himmel des alten Buddhis-

Nagarjuna

mus wird von Abertausenden von Heiligen »überschwemmt«, die ständig gerühmt und durch kultische Handlungen und Opfer verherrlicht werden.

Der Buddhismus war traditionell den klösterlichen Gemeinschaften und den »Arhats« vorbehalten, die sich von allem weltlichen Blendwerk losgesagt hatten. Dank des Mahayana ist die buddhistische Botschaft von nun an allen zugänglich, gleichgültig, welcher Art ihre Hindernisse auf dem Weg dazu auch sein mögen.

Der Begriff des Bodhisattva trägt stark zur Verweltlichung einer ursprünglich »elitären« Lehre bei.

Die Hinwendung von Laien an den Kult der Bodhisattvas mußte unvermeidlich zu einem Erblühen von Mythen, Legenden und Volkssagen führen.

Jedes vom Buddhismus eroberte Land oder jede Region sollte in der Folgezeit durch seine Kultur und seinen besonderen Charakter zur Bereicherung der Lehre der Bodhisattvas beitragen.

Deshalb haben die vier wichtigsten Bodhisattvas des Mahayana – Maitreya, Avalokitesvara, Manjusri, Amitabha – in Indien, Tibet, China und Japan jeweils besondere Eigenschaften und unterschiedliche, für die örtliche Kultur charakteristische Merkmale.

Man könnte dieses Phänomen mit dem der abendländischen Heiligen vergleichen, denen man die Eigenschaften und Kräfte zuspricht, die einst die lokalen Gottheiten besaßen, ohne daß sie deshalb ihre spirituelle Einzigartigkeit verlören.

Die Bodhisattvas als Retter darzustellen, denen die Gläubigen einen alles andere ausschließenden Kult verdanken, hieße Gefahr zu laufen, die tatsächliche Tragweite der ursprünglichen buddhistischen Botschaft zu verkleinern, abzuschwächen, zu mildern, ja wenn nicht gar zu verfälschen.

Obwohl das Mahayana die Notwendigkeit des Mitleids predigt, vermeidet es doch in Künstlichkeit oder Sentimentalität zu verfallen, indem es dank seiner Gelehrten und seiner Philosophen eine außergewöhnliche, theoretisch fundierte Wissenschaft entwickelt hat.

Das Mahayana bereichert ganz beträchtlich das buddhistische Weltbild, indem es die Grundidee der Unbeständigkeit oder des Anatta (alle Dinge sind leer vom »Selbst«) vertieft.

Aus dieser rigorosen Erforschung, die in der Geschichte wirklich eine Ausnahmestellung einnimmt, muß sich die Idee von der universellen Leere (Shunyata) gebildet haben, deren Auswirkungen für das gesamte indische Denken entscheidend waren, gleichgültig, ob es buddhistisch oder hinduistisch war.

Ebenso wie der Boddhisattva als Archetypus, als zentrale Figur des Mahayana betrachtet werden muß, ist auch die universelle Leere das wichtigste Prinzip der gesamten Metaphysik des Großen Fahrzeugs.

Der klassische Buddhismus lehrte im Gegensatz zu allen seinen Verleumdern, die noch immer vor der Idee eines individuellen »Selbst« »in die Knie gingen«, daß die Gesamtheit der Erscheinungen (Dinge und Gedanken) ohne eigene Substanz seien.

Die mahayanistischen Meister übersteigerten diesen Begriff, indem sie die Idee der universellen Leere (Shunyata) einführten.

Dieses Motiv erlebte einen außergewöhnlichen Aufschwung und durchlief während der Jahrhunderte unzählige Variationen, die mehr oder weniger geglückt waren, und deren letzte Schlußfolgerung eine Philosophie der absoluten Verneinung war (die man sich hüten muß, mit jeglicher Form von Nihilismus gleichzusetzen, da der spirituelle Gegenpol genügend positive Elemente liefert).

Nach Meinung der Philosophen und Weisen des Mahayana sind sowohl die sichtbaren Phänomene als auch die Noumena (Gegenstand der Gedanken) ohne eigene Realität (Svabhava) und befinden sich in einem völligen Vakuum ohne Schranken und ohne Grenzen.

Da alles leer ist, unterschiedslos aus der Unbeständigkeit geboren und wieder in sie zurückgekehrt, ergibt sich daraus logischerweise eine Wesensgleichheit zwischen dem Samsara (der Welt der Erscheinungen) und dem Nirwana (der inneren Befreiung von eben diesen Erscheinungen).

Die sichtbare und durch Sinne und Geist wahrnehmbare Materie unterscheidet sich nicht wirklich vom spirituellen Verschwinden oder Verlöschen dieser vorübergehenden Erscheinungen; auch sie haben die Eigenschaften der universellen Leere.

Das Nirwana und das Samsara sind gleichfalls von Natur aus

leer, diese lapidare Schlußfolgerung sollte das gesamte begriffliche indische Denken revolutionieren.

Das Verständnis der Leere unterhöhlt die Pseudosicherheiten, unterläuft die Gemeinplätze und erworbenen Begriffe, es verunsichert den von abwegigen und lügnerischen Gedanken festzementierten Geist.

Der Boddhisattva selbst kann nicht mehr auf sinnentleerte, vorgegaukelte Wahrheiten zurückgreifen. Die Leere oder, besser gesagt, deren subjektive Wahrnehmung, trägt auf diese Weise zur totalen Hingabe der Persönlichkeit bei.

In der Tat könnte das Mitleid bei einer dualistischen Sicht, die den Lebewesen weiterhin einen autonomen, besonderen Wert zuspräche, nicht wirklich zur Anwendung kommen. Man kann im Gegenteil sagen, daß Liebe, Freundlichkeit und Fürsorge ohne jegliches Kalkül, dafür spontan, aus der Erfahrung der Leere heraus, geboren werden.

Der Bodhisattva ist die Sonne der Leere ...

DAS SUTRA DES HERZENS

Die Metaphysik der Leere hat selbstredend eine Unzahl von Kommentaren heraufbeschworen, auch brillante Vermutungen wurden angestellt, aber ein sehr kurzes Sutra aus der Prajnaparamita resümiert mit bewundernswerter Knappheit diese entscheidende Entdeckung des Unaussprechlichen, die den Gelehrten des Mahayana gelungen ist.

Das Sutra des Herzens wird täglich von den tibetanischen und japanischen (vormals chinesischen) buddhistischen Mönchen rezitiert, ehe sie mit ihren rituellen Übungen beginnen.

Es soll an dieser Stelle erläutert werden, da es das unzerstörbare Kernstück der Lehre darstellt, den Mittelpunkt, um den sich das große Rad des buddhistischen Gesetzes, des Dharma, dreht.

Der Originaltext in Sanskrit, der später den Gläubigen zum Gebrauch übersetzt wurde, lautet wie folgt:

GATE GATE PARAGATE

PARASAMGATE BODHI SVAHA!

Was bedeutet jedes dieser Worte?

GATE: Wörtlich »gegangen«. Dieses Sutra ist in gewisser Weise sowohl eine Art Zeugnis als auch Einladung. Zeugnis einer gemachten Erfahrung, der Erfahrung aller lebendig Befreiten: Einladung an all diejenigen, die das Glück haben, sie zu hören, und ihr Folge leisten, um das unermeßliche Glück mit ihnen, den Befreiten, zu teilen.

Dieses erste Wort wird im allgemeinen mit der folgenden spirituellen Wahrnehmung in Verbindung gebracht: »Die Form ist die Leere«; von dem Moment an, da wir uns von unseren Emotionen, Leidenschaften und Wünschen freimachen, die die Quelle unvermeidlicher psychischer Konflikte bilden, werden die Dinge, die äußeren Formen, ihrer Substanz entleert und der Affekte beraubt, die sie nähren. Sie lösen sich in der Leere auf.

GATE: Die Wiederholung legt nahe, daß nun »die Leere die Form ist«; nachdem die Leere bereits vorhergeahnt wurde, könnten wir in der Tat dazu neigen, den Begriff der Leere in ein Gedankengebäude einzufügen, wobei sich die Leere nicht von der Form unterscheidet. Das Shunyata ist eine Erfahrung des Seins, die nichts mit dem »Nichts« der existentialistischen Philosophen gemeinsam hat. Man kann sehr wohl in der Leere leben und sich an die äußeren Erscheinungen gewöhnen, so wie sie sich darstellen ...

PARAGATE: Wörtlich: »darüber hinaus gegangen«. Sobald wir den Vorhang gelüftet haben, der die Erscheinungen im Dunkeln beläßt, ihre grundlegende Irrealität wahrgenommen haben, erreichen wir eine neue, erfreuliche und natürliche Wahrnehmung dieser Erscheinungen: »Die Form ist die Form.«

PARASAMGATE: Wörtlich »vollkommen entblößt, ausgesetzt«. »Erweckt inmitten des Undifferenzierten« identifizieren wir uns selbstverständlich mit dem letzten Beweggrund der

Avalokiteshvara

Dinge, wir haben endgültig aufgehört, die Dinge in einer Subjekt-Objekt-Beziehung zu objektivieren: »Die Leere ist die Leere.«

BODHI: Wörtlich »erweckt«. Wir tragen nicht länger Masken, die Erscheinungen können ruhig ständig wechseln wie die Figuren eines Kaleidoskops, wir sind erwacht im Schoß einer unveränderlichen Gleichheit der Seele und des Geistes.

Nichts kann die Tiefe unseres Seins erschüttern, das so klein ist wie ein Sandkorn und so unermeßlich weit wie das All.

SVAHA: »Gegrüßt!« Dies ist kein Abschiedswort, sondern eine freundliche Anrede, eine Botschaft der Hoffnung: »Kommt zu uns ans andere Ufer«, wo die Wahrheit sich nicht von den Illusionen unterscheidet, wo das aus der Begierde geborene Leiden endlich sein Ende gefunden hat ...

**»GEGANGEN GEGANGEN DARÜBER HINAUS GEGANGEN
VOLLKOMMEN OFFEN ERLEUCHTET GEGRÜSST!«**

Ohne müde zu werden, meditieren die Buddhisten über dieses außergewöhnliche Sutra, dessen suggestive Kraft bestimmend ist für den Geist, der noch in seine Projektionen verstrickt ist; es zielt direkt auf die äußerste Wirklichkeit ab und führt geradezu zur befreienden Erfahrung der Leere.

Außer dem Mitleid und der Leere hat das Mahayana zur Entwicklung unübertrefflicher Methoden beigetragen, die das für das buddhistische Denken ausschlaggebende theoretische Rüstzeug bilden. Im folgenden sollen einige wesentliche Gesichtspunkte der Lehre vorgestellt werden.

Die drei Göttlichen Körper

Die Mahayanisten haben sich schon immer Gedanken über das wahre Wesen des »Körpers« eines Buddhas oder eines Erleuchteten gemacht. Einige von ihnen kamen bald zu dem Schluß, daß Buddha keine körperliche Gestalt annahm, sondern sich in verschiedener Form materialisierte.

Seine Erscheinung könnte man im übertragenen Sinn mit dem photographischen Verfahren der Relief-Holographie vergleichen ...

Der Begriff der drei Göttlichen Körper oder Trikaya wird

seither von den Buddhisten verwendet, besonders von den Tibetern, die sich auf wundervolle Weise in ihren belehrenden Bilddarstellungen der Mandalas davon inspirieren ließen.

- Dharma-kaya oder der Körper des Gesetzes: das ursprüngliche immaterielle Wesen.
- Sambhoga-kaya oder der Himmlische Körper: Zwischenstadium der Offenbarung, dessen Wahrnehmung hauptsächlich von der meditativen Intuition abhängt.
- Nirmana-kaya oder der Körper der Inkarnation: das, was wir in Gegenwart eines Erleuchteten »sehen« oder fühlen.

Die Identität des Nirwana und des Samsara

Wir haben es bereits hervorgehoben: Die Erscheinungen und die Befreiung von diesen Erscheinungen sind ein und dieselbe Sache: sie sind in alle Ewigkeit leer, entstehen aus der Leere und kehren wieder zu ihr zurück. Aber diese Identität kann nicht als Gedankenspiel vollzogen werden, sie muß vollkommen gelebt werden. Die Welt ist die flüchtige Materialisation eines Traums, der rasch erlischt (Nirwana bedeutet Erlöschen).

Die Erscheinungen sind ihrem Wesen nach leer, nichts, dem man entfliehen könnte, keine Sicherheit, zu der man Zuflucht nehmen könnte, nichts ist zu verlieren, nichts zu gewinnen. Das Hervorbringen und das Einstellen der Gedanken bilden gleichzeitig das Wesen der geistigen Befreiung.

Zeit und Raum

Wir führen Zeit und Raum ein, sobald wir den Illusionen des Samsara anhängen.

Die Zeit (Vergangenheit-Gegenwart-Zukunft) hängt von der Idee eines unstabilen, den äußeren Bedingungen unterworfenen »Ich« ab, das sich von den Erscheinungen unterscheidet. Ähnlich verhält es sich mit dem Raum, wenn wir unsere Wahrnehmungen festhalten, bewerten und für authentisch befinden.

Das Wesen des Geistes

Die Wahrheit kann nicht zum Gegenstand der Betrachtung werden. Sie ist es, die sich um uns bemüht, uns dazu einlädt, das zu werden, was wir sind.

Weisheit (Prajna) und Unwissenheit (Avidya)

Die Unwissenheit unterscheidet sich nicht vom logischen Wissen. Sie führt unvermeidlich zur Ausübung des Machtwillens, der sich in der Unterwerfung der Lebewesen und der Natur äußert. Die Unwissenheit ist somit festgeschrieben. Der Glaube an die Realität illusorischer Erscheinungen hängt von einer allgemeinen schweigenden Übereinkunft ab. Wir fügen uns nachsichtig in die Errichtung einer absurden Welt, die in Unkenntnis unserer fundamentalen Wahrheit erbaut wurde.

Die Dinge sind nur so, weil wir – mehr oder weniger frei – zugestimmt haben, daß sie so sein sollen.

Weisheit läßt sich nicht erlernen, sie entsteht von selbst.

Das nur auf den Nutzen ausgerichtete Weltbild kommt von den schrecklichen Auswüchsen an »Kenntnissen«, die durch Unwissenheit angesammelt wurden.

Der Buddhismus widersetzt sich von Grund auf der schamlosen Ausbeutung der Natur sowie der Vernichtung der Menschen. Aber er tut das, ohne Dogmen aufzustellen und ohne eine wortreiche Theorie zu bemühen. Seine »Schlußfolgerungen« rühren von der Erfahrung der Weisheit her, im Gegensatz zu den zweifelhaften Bestrebungen von Politikern und Wissenschaftlern, die alle dem finstren »Tyrannen« (dem einmaligen und individuellen »Ich«) huldigen.

C) Nagarjuna und die Schule des Madhyamika oder Shunyavada

Nagarjuna ist der Begründer einer mahayanistischen Schule, des Madhyamika oder »Schule der Mitte«, die nicht nur im buddhistischen Denken großen Widerhall fand, sondern auch in der gesamten indischen Metaphysik (ihr Einfluß auf Shankara und das Vedanta wird heutzutage von zahlreichen Forschern anerkannt).

Im II. oder III. Jahrhundert unserer Zeitrechnung geboren, revolutioniert Nagarjuna von Grund auf die theoretischen Grundlagen des Buddhismus. Er begnügt sich nicht damit, den Begriff der universellen Leere zu vertiefen, sondern löst dank seiner außergewöhnlichen dialektischen Begabung alle Widersprüche, bekräftigt logisch die Gleichheit der Gegenteile (die berühmte »coincidentia oppositorium« der christlichen Gelehrten des Mittelalters, Meister Eckhart und Nikolaus von Kues*).

Sein umfangreiches Werk (unglücklicherweise ist nur wenig davon ins Französische übersetzt, außer in den Universitätsverlagen) wird von einem langen Kommentar in Versform (25.000 Strophen) der Prajnaparamita gekrönt.

Das Madhyamika schlägt einen Mittelweg vor, der die Spannungen zwischen Realismus (dem Glauben in die Existenz der Erscheinungen) und Nihilismus (dem Glauben an das Nichts) beseitigt.

Nagarjuna und seine Schüler begnügen sich nicht damit, dogmatische oder begriffliche Wahrheiten zu verkünden, sondern stützen sich auf eine beobachtende und dialektische Praxis.

Nagarjunas Schule entwickelt eine wirkungsvolle dialektische Wissenschaft, die dazu bestimmt ist, den Geist zu reinigen, intellektuelle Gedankengebäude abzutragen und die Hinder-

* 1401–1464, Theologe und Philosoph an der Grenze zwischen Scholastik und Humanismus, beeinflußt durch Mystik und Nominalismus.

nisse abzubauen, die die Wahrnehmung der Wahrheit verschleiern.

Dies ist eine Methode, die man als negativ bezeichnen könnte, einige werden sagen, zerstörerisch. Um das Wahre zu erkennen, muß man sich vom Falschen befreien.

Nagarjuna baut die begrifflichen Mittel zum Zweck im Denken ab, ohne sich dabei je auf eine neue Sicht der »Realität« einzulassen, er »begnügt« sich damit, den Prozeß der Erscheinungen zu lehren, wobei er sich auf die Methode des systematischen Zweifelns stützt.

Diese Technik bleibt jedoch experimentell, sie beweist nichts, im Gegenteil, sie verweigert sich der Erläuterung ihrer eigenen Argumente, indem sie sich auf irgendeine Ontologie (Seinslehre) bezieht, deren Ursprung im außersprachlichen Bereich liegen soll.

Bei dieser negativen Sicht besitzen die Bejahungen und Verneinungen selbst keinerlei autonome Existenz.

Die Theorie der Leere – Shunyata – wird bis in ihre äußersten Einschränkungen und Entbehrungen betrieben und in ihren letzten Konsequenzen auf sich genommen.

Nachdem er festgestellt und aufgezeigt hatte, daß die Sprache ohnmächtig ist, wenn es darum geht, die Wahrheit zu bezeugen, bemühte sich Nagarjuna, mit Hilfe der Dialektik die von der gefälligen logischen Rede gefangengehaltenen Energien zu befreien.

Das Madhyamika entkräftet die fundamentalen Themen des klassischen Buddhismus. Die Leere beinhaltet die Zerstörung von traditionell miteinander gepaarten Gegensätzen.

- Weder Aufhebung noch Erzeugung von irgend etwas
- Weder Vernichtung noch Ewigkeit
- Weder Einheit noch Vielfalt
- Weder Ankunft noch Abschied

Alles ist leer. Es gibt eigentlich keinen passenden Ausdruck dafür. Das Karma (das Gesetz von der Vergeltung der Taten) existiert nicht, denn der Urheber und seine Tat sind ebenfalls Trugbilder, die ihrer eigenen Substanz beraubt sind.

Der Ungebundene besitzt nicht mehr Realität als derjenige, der unfrei erscheint.

Die vier von Buddha persönlich verkündeten Wahrheiten besitzen keinerlei grundlegende Besonderheiten, folglich ist es ebenso absurd, sie zu erflehen wie sich anzustrengen, sie zu leugnen ...

Nagarjunas destruktive Logik wirft für den orthodoxen Buddhismus bestimmte entscheidende Fragen auf:

– Da zwischen Nirwana und Samsara keinerlei Unterschied besteht, wie soll man dann zwischen dem »Befreiten« und demjenigen, der noch an die Erscheinungen »gebunden« ist, unterscheiden?

Das Nirwana ist in Wirklichkeit nichts anderes als eine Hilfskonstruktion des Geistigen, oder wenn man so will, eine Raffinesse des Geistes ...

Natürlich kann man behaupten, daß alles leer ist, aber diese Leere besitzt keine spezifische Substanz. Das Absolute ist seiner geistigen Substanz entleert.

Das Gesetz von der gegenseitigen Erzeugung (alle Dinge sind miteinander verbunden und bedingen sich gegenseitig), das einst von Buddha gelehrt wurde, wird von Nagarjuna mit der Leere der eigenen Substanz gleichgesetzt.

Dem Nirwana und der wahren Natur der Dinge geht ein und derselbe Ursprung voraus.

Indem er sich weigert, ein theoretisches System zu begründen, erneuert Nagarjuna das buddhistische Erbe, das Gefahr lief, als religiöse Überzeugung, als mehr oder weniger ausgeprägter Götzendienst vor sich hinzuschlummern.

Darauf bedacht, den Ast der spirituellen Pseudo-Sicherheiten durchzusägen, auf dem die traditionelle Lehre vor sich hindöste, brachte das Madhyamika neues, belebendes Blut in die pädagogische Praxis des Buddhismus.

Dadurch, daß er mit Hilfe seiner negativen Methode den systematischen Zweifel einführte, begründete Nagarjuna eine sinnentleerte, nicht qualifizierbare und vom Verstand nicht erfaßbare Spiritualität, immer dazu bereit, die Wahrheiten festzuschreiben und zu entstellen.

Die Schule von Nagarjuna hatte auf Anhieb großen Erfolg, Klöster und Universitäten zur Weitergabe des Madhyamika wurden gegründet (vor allem das berühmte Zentrum von Nalanda in Nordindien, wo bald darauf die »konkurrierende« Schule des Vijnanavada erblühte).

Trotz seines strengen Äußeren und seiner rigorosen Philosophie vergaß Nagarjuna nie, sich an die Hauptprinzipien des Buddhismus zu halten, und gab Zeugnis von einer wundervollen Menschlichkeit.

Die große Metaphysik stand niemals im Widerspruch zu den unumstößlichen ethischen Motivationen.

In seinem »Freundschaftlichen Brief an einen Prinzen« lehrt Nagarjuna die non-duale Meditation, predigt aber gleichzeitig die Hingabe, Geduld und Fürsorge und warnt seinen Leser vor den acht Todsünden.

Wie alle wahren Buddhisten hat Nagarjuna niemals die wichtige Forderung des Mitleids mit allen Lebewesen aus den Augen verloren. Seine Doktrin von der universellen Leere erlaubte ihm die Behauptung, daß die Weisen nie um ihrer selbst willen meditieren, sondern die durch die Ausübung der Meditation erworbenen Fähigkeiten spontan in den Dienst der gesamten Menschheit stellen.

Nichtsdestotrotz hat die dialektische Methode einige Nachteile, denn der Philosoph läuft Gefahr, sich in den meandrischen Windungen seines Denkens abzukapseln. Es wurde dringend notwendig, die Begriffe dieser Logik wieder auf eine bestimmte Stufe anzuheben, da sie riskierten, ins Leere zu laufen.

D) Die Schule des Yogacara oder Vijnanavada

Die Schule des Vijnanavada, »die, die den Idealismus lehren« oder auch »Sekte, die nur an den Geist glaubt«, hat sich im Lauf von zwei Zeitabschnitten entwickelt, die von relativ widersprüchlichen theoretischen Hypothesen gekennzeichnet waren.

Die erste vom Denken Asvaghosas (I. Jahrhundert) beherrschte Epoche widerspricht in einigen Punkten den Schlußfolgerungen von Nagarjuna, die zweite Epoche führte unter dem Einfluß von Asanga (IV. Jahrhundert) zu ihrer Synthese.

Das Madhyamika legte Wert auf die Nicht-Substantialität aller Begriffe und durchkreuzte so mit einem Schlag jegliche Vorstellung von einem dauerhaften, autonomen Prinzip (Atman), während das erste Vijnanavada dazu neigte, die Umrisse eines als letzte Wirklichkeit angestrebten Bewußtseins hervorzuheben (Cittamatrata).

Asvaghosa schuf damals den Begriff des Tathata, der nur schwer mit »die Tatsache, so zu sein« zu übersetzen ist, womit die Substanz des Seins gemeint ist

Es ist wichtig zu verstehen, daß dieser Begriff notwendigerweise einen positiven Charakter ausdrückte, eine unleugbare Form des Absoluten, unannehmbar für die Verfechter einer Lehre, die jegliche ontologische Begründung verneint.

Die Anhänger des Vijnanavada mußten daraufhin die Beziehungen zwischen diesem unvereinbaren Absoluten (Tathata und dem individuellen Bewußtsein herstellen. Letzteres, das »Speicher-Bewußtsein« (Alaya-Vijnana) genannt wird, schwankt zwischen zwei entgegengesetzten Möglichkeiten:

- Es bleibt in der Unwissenheit seines Grundwesens verhaftet und verschmilzt so mit der Gesamtheit der psychologischen Erscheinungen (Wünsche, Leidenschaften, Begehren, Abscheu) und erklärt die Existenz einer »realen« Welt für gültig, die von früheren Prägungen, Umwelteinflüssen, Erziehung und Kultur (Vasana) erzeugt wird.
- Es erhält dank der Intuition Zugang zu seiner tiefen Wahrheit und erkennt plötzlich, daß diese äußeren oder inneren Erscheinungen (dies ist die Erleuchtung oder das Satori im Zen) sich nicht vom Absoluten unterscheiden (Tathata).

Durch die Einführung des Begriffs »Parfumage« bezeugten die Gelehrten des Vijnanavada auf bewundernswerte Weise diese beiden Aspekte des Seins, die gleichzeitig auf beiden Ebenen zu Tage treten (auf der Erfahrungsebene und auf der Ebene des Absoluten).

Die Unwissenheit (Avidya) ist mit dem Duft des Absoluten

versehen (Tathata) und letzteres ist gleichzeitig mit dem Duft der von der Unwissenheit gebundenen Erscheinungen versehen.

Nur eine ausgereifte Form der nicht-dualen Meditation, die aus der Vernichtung des Subjekts und des Objekts entstanden ist, kann durch eine überwältigende Intuition die gegenseitige Durchdringung dieser beiden Bewußtseinsebenen erkennen. Solange wir das wahre Wesen dieser Erscheinungen nicht erkannt haben, kann die Unwissenheit (Avidya) nicht in einen »absoluten Wert« umgewandelt werden.

Einige Jahrhunderte später (Mitte des IV. Jahrhunderts) zerstörte Asanga diese willkürliche Konstruktion.

In einem bewundernswerten Text, dem Lankavatarasutra (Abstieg in Ceylon), der ursprünglich geschrieben worden war, um die Thesen des Advaita-Vedanta (vergleiche das Buch dazu in dieser Reihe) zu widerlegen, behauptet und beweist er, daß das »Speicher-Bewußtsein« im Gegensatz zur Meinung von Asvaghosa ohne Verbindung zum Absoluten (oder dem davon geprägten Begriff) ist.

Da das Absolute seinem Wesen nach der Leere verwandt ist, kann es nicht objektiviert werden, die Essenz des Tathata und die Leere (Shunyata) sind identisch.

Da Asanga jede Art der Beziehung zwischen dem Zentrum des Bewußtseins und dem Absoluten leugnete, schwächte er jegliche idealistische Projektion und die objektive Erkenntnis.

Das Sein kann nicht wahrgenommen werden. Das Universum verbindet sich mit einem beständigen Produzieren des Verstandes, das trügerisch ist, sozusagen magisch und ohne jedes ontologische Fundament.

Diese lapidare Schlußfolgerung birgt die Ablehnung der Theorie und die Notwendigkeit der Meditation ohne vorgefaßte Vorstellung in sich, ohne ein mehr oder weniger metaphysisches Ziel, das vorher festgelegt wurde.

Die Erleuchtung (Bodhi), das Sein im Jetzt (Tathata), die Leere (Shunyata) sind einander in der letzten Erfahrung, der Verwirklichung ihrer wahren Natur, ebenbürtig.

Diese Form des »radikalen« Buddhismus sollte in China die

Oberhand gewinnen in der Schule des Ch'an (auf japanisch Zen). Ihr Begründer Bodhidharma übersetzte das Lankavatarasutra, das zum Gegenstand der schwierigen chinesischen Theorie wurde ...

E) Der tantrische indische Buddhismus

Die indischen Schulen des tantrischen Buddhismus

Im Lauf des VII. Jahrhunderts entwickelt sich der Buddhismus weiter und verändert seine Methoden und Techniken ganz beträchtlich.

Ohne daß man von einem plötzlichen Bruch mit der früheren Tradition sprechen könnte (das philosophische Wissen des Mahayana wird zu keinem Zeitpunkt in Frage gestellt), bleibt nichtsdestotrotz festzustellen, daß der Anteil der tantrischen hinduistischen Glaubensüberzeugungen in vieler Hinsicht entscheidend war.

In dieser Reihe wird ein Buch dem Tantrismus gewidmet. Wir laden den Leser dazu ein, sich dort zu informieren, um die theoretischen und vor allem auch die praktischen Konsequenzen dieses kulturellen und spirituellen Einflusses zu verstehen.

Der Begriff der universellen Leere, der vom Mahayana gepredigt und von den Theorien des Madhyamika und des Vijnanavada weitergeführt wurde, rechtfertigte alle Einflüsse und besonders diejenigen, die sich auf die Rituale, Anrufungen und alle mehr oder weniger magischen Praktiken bezogen.

Der Tantrismus pries einen gangbaren Weg, ein Yoga der Macht und der Energie, das auf einer Beeinflussung der Kräfte, der Gottheiten und Begabungen basierte, sowie eine Transzendierung der Sexualität.

A priori ist diese Absicht keineswegs buddhistisch, im Gegenteil, aber das Prinzip der Leere kehrt diese Perspektive um. Wenn alles leer, seiner Substanz und eigenen Form beraubt und ausschließlich im Bereich des Denkens angesiedelt ist, ist es erlaubt, direkt auf die Erscheinungen einzuwirken und sie nach unserem Belieben zu verändern ...

Von dieser Überzeugung durchdrungen, sollen die mahayanistischen Buddhisten sich aller Techniken, Praktiken und magischen Methoden bemächtigen, die in den Tantras (den grundlegenden Texten) gelehrt werden.

Nach und nach verändert sich die Rolle der Mönche, sie werden zu Wundertätern, die man ihrer Kräfte wegen aufsucht. Man erbittet tausenderlei Dinge von ihnen: Gesundheit, Reichtum, die Wiederauferstehung eines geliebten Wesens ...

Auf rein praktischem Gebiet fällt es schwer, den Unterschied zwischen den buddhistischen und den hinduistischen Tantras zu erfassen, man findet dieselben Gebete und dieselben Rituale vor ...

Dennoch eröffnen sich dem strengen tantrischen Buddhisten zwei relativ entgegengesetzte Wege:

- Er kann versucht sein, sich ausschließlich der Magie und der Hellseherei zu widmen, wobei er sich Götter schafft, an die er sich klammert, um gewisse Fähigkeiten (Siddhis) zu erlangen.
- Die Wahl der Gottheiten geschieht nicht mit dem Ziel der Unterwerfung, sondern mit dem Ziel der Erkenntnis. Sie dienen zur Unterstützung der Meditation, in die sich der Gläubige vertieft, um sein wahres Wesen zu erkennen.

Diese Formen der Religion sind nicht einfach zu unterscheiden. Die abwegigsten Exzesse (die von den Theorien Nagarjunas und Asangas über die Unwirklichkeit des »Guten« und des »Bösen« gerechtfertigt werden) werden oft mit den echten Methoden der Bewußtseinserweckung verwechselt.

Die Unterscheidung ist um so schwerer, als die Texte ausufernden Gebrauch von Gleichnissen und rätselhaften Anspielungen machen.

Eines steht jedoch fest: Der tantrische Buddhist entwickelt ein ganzes Gebäude von komplexen Methoden, die im wesentlichen auf der Ausübung der Visualisierung (Schauung) beruhen, die den Hauptbestandteil seiner Praktiken bilden.

Die Visualisierung zielt bald darauf ab, die Meditation über die Leere abzulösen, oder besser gesagt, wird zu deren unerläßlicher Voraussetzung.

Dank der Unterstützung durch eine außergewöhnliche Ikonographie, die mit äußerst genauen Kommentaren versehen ist, erzeugt die Fantasie des Anhängers Szenen oder Bilder. Nach und nach dringt er in diese seinem Geist entspringenden visuellen Vorstellungen ein und spielt dort heilige, von den Tantras genau festgelegte Szenen durch: den Kampf mit einem Dämon, das Begehen eines abscheulichen Verbrechens, die Vereinigung mit einer Göttin ...

Von der Unwirklichkeit seiner Eindrücke überzeugt, verwendet der tantrische Buddhist seine geistigen Energien für eine flüchtige symbolische Kreation, die jedoch sehr lehrreich ist und die die Oberhand über die »objektive« Realität gewinnt.

Es ist unerläßlich zu präzisieren, daß der Anhänger am Ende seiner Visualisierungsübung diese geistige Konstruktion Stück für Stück abbaut, um seinen ursprünglichen Zustand der Leere wieder zu erlangen.

Laufen diese Rituale der Innenschau unter der Autorität eines fähigen Meisters richtig ab, führen sie zu einem aus der erlebten Erfahrung resultierenden Verständnis der Leere, zum Erfassen der Unwirklichkeit aller Dinge, gleichgültig, ob sie wahrgenommen oder nur vorgestellt sind.

Man muß auf jeden Fall unterstreichen, daß zahlreiche Anhänger auf halbem Wege innehalten und sich dafür entscheiden, die im Lauf der Visualisierungen erworbenen beträchtlichen psychischen Kräfte zu nützen.

Der Tantrismus, der selbst verfälschenden Abweichungen unterworfen war, »infizierte« die ursprüngliche buddhistische Lehre unvermeidlich, und es gab zahlreiche Sekten, die sich in den labyrinthischen Windungen abwegiger magisch-ritueller Praktiken verirrten: Totenanrufungen, Geisterbeschwörungen, orgiastische und dämonische Bräuche.

Der aus Tibet eingeführte magische tantrische Buddhismus vermischte sich problemlos mit dem vor Ort herrschenden Schamanenglauben der Bön.

Die tantrischen Buddhisten sollten auf jeden Fall an der klösterlichen Grundregel (Vinaya) festhalten. Der Eintritt in die tantrischen Klöster trägt jedoch einen rituellen Charakter. Unter dem Siegel der Verschwiegenheit werden die esoterischen Lehren tröpfchenweise weitergegeben.

Man muß sich klar machen, daß wir noch weit von den ersten, unter den Fittichen Gautamas und seiner Schüler gegründeten Gemeinschaften entfernt sind (dazwischen liegen dreizehn Jahrhunderte).

Über diese Schulen ist uns nur sehr wenig bekannt, lediglich die tibetanischen Sekten (sie wurden alle von indischen Missionaren begründet), die sich von ihnen inspirieren ließen, können uns heutzutage diesbezüglich einige Hinweise liefern.

DAS VAJRAYANA

In den meisten Auslegungen wird die Gesamtheit der tantrischen Schulen unter dem Begriff »Weg des Blitzes« zusammengefaßt, obgleich es bemerkenswerte Unterschiede gibt. *Durch eine Begriffserweiterung sind das Vajrayana und der tibetanische Buddhismus Synonyme geworden.*

DAS SAHAJAYANA

Der Weg der »angeborenen Methoden« (Sahaja).

Diese Schule lehrt die Sublimierung der Triebe und irregeleiteten Leidenschaften, deren Kraft dazu benützt wird, durch Intuition zur Weisheit zu gelangen.

Der Wundertäter Padmasambhava war einer der großen Meister dieser Sekte und wurde später eine der Hauptfiguren des tibetanischen Buddhismus.

DAS KALACAKRA

Das »Rad der Zeit«.

Diese Schule hängt der Vorstellung eines »Buddhas der Frühzeit« an, der »aus sich selbst geboren« wurde, der der Ursprung aller Dinge ist und nie Gestalt annahm.

Sie ist von einer Fülle von zornigen oder schrecklichen Gottheiten gekennzeichnet, wobei der Kult, der unzählige Anrufungen und Gebete sowie unter Drohungen erzwungene Opfer fordert, in Tibet großen Zuspruch fand.

Diese verschiedenen Sekten übten noch zu Ende des VII. Jahrhunderts an der Universität von Nalanda ihren mächtigen Einfluß aus und sandten als erste Missionare ins tibetanische Hochland.

Der Tantrismus des buddhistischen Gehorsams gewann bald die Vormachtstellung gegenüber der Lehre des Mahayana.

Vom VIII. Jahrhundert an wurde der Osten Indiens, Bengalen, Bihar, Orissa, dank des guten Rufs des Klosters von Vikramasila (aus dem Meister wie Tilopa und Atisha hervorgingen, deren Lehre eine grundlegende Erneuerung des »primitiven« tibetanischen Buddhismus auslöste) das wichtigste Zentrum dieser Form des Tantrismus.

Im Jahr 1200 zerstörten die muselmanischen Eroberer die gesamte tantrische buddhistische Kultur (ermordete Geistliche, geplünderte Klöster, verbrannte Manuskripte).

Siebzehn Jahrhunderte nach dem Tod seines Begründers war der Buddhismus endgültig aus Indien vertrieben, aber in Tibet, China, im Fernen Osten und in Japan erwartete ihn noch eine schöne Zukunft ...

Zum Abschluß dieses Kapitels, das dem tantrischen Buddhismus gewidmet war, kann man festhalten, daß er sich in Indien weniger aus Überdruß an der metaphysischen Theorie entwickelte als durch die Anziehungskraft der magischen Methoden, und daß er in Tibet genau aus entgegengesetztem Grund aufgenommen wurde. Die lokalen Praktiken des Schamanismus bildeten bereits den bevorzugten Grundstock, während die Theorie des Mahayana den Gebildeten die Lehre brachte, die ihnen gefehlt hatte.

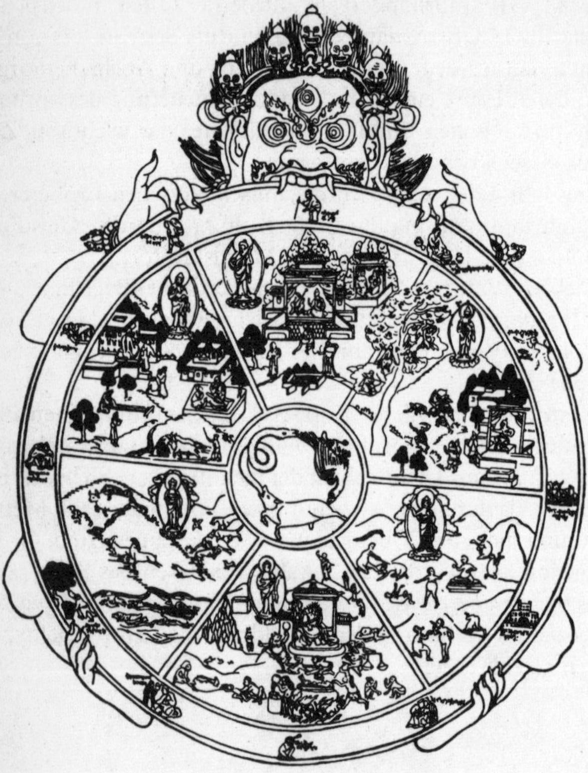

Das tibetanische Lebensrad

ERSTER TEIL

GESCHICHTE DES BUDDHISMUS

II.
Der tibetanische Buddhismus

Einführung – Die prä-buddhistische Religion der Bön – Erste Verbreitung der Lehre – Zweite Verbreitung der Lehre – Die Reform von Tsong Kha Pa – Die tibetanischen Sekten

A) Einführung

Die Geschichte des tibetanischen Buddhismus wurde 1322 von dem Mönch Bu-ston niedergeschrieben. Wir kennen den Originaltext nicht, aber die Verfasser der Blauen Annalen (XV. Jahrhundert) nahmen ihn direkt zum Vorbild, um die Chronik aufzustellen, die heutzutage bei den Forschern Autorität genießt. In der Hinwendung Tibets zum Buddhismus vermischen sich politische Intrigen mit religiösen Rivalitäten.

Der Buddhismus stand lange Zeit im Mittelpunkt eines schlimmen Kampfes zwischen den zahlreichen adeligen Familienclans, die sich um die Macht stritten. Einige Adelige hielten weiterhin an den Überzeugungen der eingeborenen Bön-Religion fest, andere wählten den Buddhismus zur Festigung der Vorherrschaft ihrer ungesicherten politischen Macht.

Das religiöse Leben der Klöster wurde ständig von diesen oftmals blutigen Streitereien beeinträchtigt. Zum großen Leidwesen der Weisen und Gelehrten störte die politische Uneinigkeit die unerläßliche klösterliche Ruhe.

Die Äbte konnten sich nicht darauf beschränken, ihrer Religion zu dienen. Ihre prekäre wirtschaftliche Lage zwang sie dazu, Partei zu ergreifen und die örtlichen Kasten wieder zu versöhnen.

Im Gegensatz zu einigen herrschenden Vorstellungen hat sich die tibetanische buddhistische Kultur nicht freiwillig in sich selbst zurückgezogen. Es war vielmehr das Verschwinden des Buddhismus in den angrenzenden Ländern, der sie dazu brachte, sich zu isolieren.

Zu Beginn des XII. Jahrhunderts muß Tibet allein die Übertragung der Schriften leisten (seine Beziehungen zu China sind unterbrochen).

Verschiedene, manchmal sogar gegnerische Sekten machten sich an diese schwierige Aufgabe.

Das buddhistische Tibet war immer hin und her gerissen zwischen der offiziellen, mehr oder weniger von den momentanen Machthabern abhängigen Kirche, die sich dem scholastischen Studium der grundlegenden Texte widmete, und dem Mosaik von autonomen Sekten, die der direkten Erkenntnis verbunden waren, indem sie Meditation, Yoga sowie schwarze oder weiße Magie miteinander verbanden.

Die Verwurzelung der Religion erfolgte in einem langsamen, stufenweisen Prozeß, der oft unterbrochen wurde, und dessen Hauptphasen wir im folgenden darstellen wollen, ehe wir in den nächsten Kapiteln näher darauf eingehen.

- Der »späte« Buddhismus dringt um 650 in Form des Vajrayana nach Tibet vor.
- im Jahr 791 wird er zur »Staatsreligion« ausgerufen, und die Original-Sanskrittexte werden in die tibetanische Sprache übersetzt. Ununterbrochene Kämpfe entzweien damals die buddhistischen Partisanen, die sich um den König versammelt haben, und die örtlichen, den Bön verbündeten Sippen.
- Mitte des IX. Jahrhunderts ergreift der neue König Partei für die Bön und vertreibt den Buddhismus aus Tibet. Dieser überlebt im geheimen – dank der Volksreligionen, die sich um die Person des Wundertäters Padmasambhava konzentriert haben.
- Unter dem Einfluß mehrerer indischer Missionare entsteht der Buddhismus um das XI. Jahrhundert herum erneut aus seinen Überresten. Die Kirche der Lamas erfährt einen gewaltigen Aufschwung, riesige Klöster werden gebaut und entwickeln sich zu Zentren der geistigen und weltlichen Macht.
- Ab dem XIII. Jahrhundert sind die Übersetzungen beendet, und eine spezifisch tibetanische Tradition kann sich von nun an entfalten. Mit einer außergewöhnlichen Kraft, die sie befähigt, die unterschiedlichen religiösen Strömungen miteinander zu verschmelzen, interpretieren die Meister die klassischen Sutras, die Prajnaparamita, die Tantras, die Doha (bengalische tantrische Texte), Märchen und Legenden.
  Mehr oder weniger »ketzerische« Sekten entwickeln am Rande des »offiziellen« Buddhismus esoterische Initiationspraktiken.
- Dieses ungezügelte Anschwellen spiritueller Strömungen

wird nach und nach eine Bedrohung für die etablierte Religion. Ein Lama, Tsong Kha Pa, reformiert das gesamte im Niedergang begriffene Klostersystem, führt die orthodoxe Regel (Vinaya) wieder ein, begründet den Verhaltenskanon neu und schließt die suspekten Lehren aus (XV. Jahrhundert).

- 1642 hat der Dalai Lama endgültig die weltliche Macht, während die geistige Macht in den Händen des Panchen Lama liegt (sein momentaner Vertreter ist nach Peking geflohen).
- Als Folge der Grenzstreitigkeiten zwischen China und Tibet erobert die Rote Armee im März 1959 die Hauptstadt Lhasa. Der XIV. Dalai Lama wählt das Exil, gefolgt von mehreren tausenden Tibetern. Heute lebt er in Dharam-Sala nahe Kaschmir.

B) Die prä-buddhistische Religion der Bön

Die Berichterstatter legen in unterschiedlicher Weise Gewicht auf die Einflüsse durch die lokalen tibetanischen Glaubensrichtungen auf den Buddhismus.

Man muß zunächst einmal feststellen, daß der Buddhismus sich »wie von selbst« für diese Veredelung anbot; auf magischen Praktiken und dem Kult der Gottheiten basierend, unterschied er sich in seiner äußeren Form kaum von den Riten der Schamanen, die Bestandteil der Bön-Religion sind.

Die Bekehrung Tibets zum Buddhismus war hauptsächlich ein Kampf von Zauberern, eine intensive psychische Auseinandersetzung, in deren Verlauf die in Frage kommenden Kräfte ihre Macht gebrauchten, wobei die Tantristen und die Bön Zug um Zug ihre Vorherrschaft und ihren Einfluß auf die Bevölkerung ausweiten konnten.

Natürlich mußten die Sieger die Gottheiten, die rituellen Bräuche ihrer unterlegenen Konkurrenten billigen.

Diese kulturelle Abhängigkeit vergrößert die Interpretationsschwierigkeiten. In einigen Regionen behalten die Bön ihre Vorherrschaft, indem sie eine verwilderte Form des Tantrismus miteinbeziehen (der Kult des Bön-po entspricht dieser Mischform). Der in weiten Teilen des Landes Triumphe feiernde Buddhismus hingegen eignet sich ohne Skrupel die Schutzgötter der Bön an.

Es ist also praktisch unmöglich, in dieser unglaublichen Mischung Klarheit zu schaffen (man müßte sowohl den indischen tantrischen Buddhismus sehr genau kennen als auch die Überzeugungen des Bön-Glaubens).

Nach dem Beispiel des indischen Buddhismus, der sich der Götter des mächtigen Pantheons (Indra und Brahma) bemächtigt hatte, »bekehrten« die tantrischen Missionare die Gottheiten, Dämonen und Feen, die von den Hexenmeistern und Schamanen der Bön verehrt wurden.

Die lokalen Riten wurden nach und nach verändert und bildeten den Rückhalt für die zahllosen Initiationspraktiken, die im folgenden kurz beschrieben werden sollen.

Wir wissen zum Beispiel, daß der buddhistische Tantrismus den Kult der schrecklichen und zornigen Götter pflegte (die Schule des Kalacakra), aber man muß dazu auch wissen, daß die Hexenmeister des Bön vergleichbare Rituale ausführten (ohne ihnen allerdings eine dem Mahayana eigene metaphysische Perspektive zu verleihen).

Die Bön-Religion basiert auf einer schamanistischen Sicht der Welt und der Natur (s. das Buch in dieser Reihe). Unsichtbaren Mächten werden Opfer dargebracht, um ihre Gunst zu erlangen und in den Besitz ihrer Kräfte zu kommen.

Die Bön sind sich des doppelten Aspekts dieser primitiven Gottheiten sehr wohl bewußt, und ihre symbolische Darstellung ist wesentlich älter als die tantrische Ikonographie, die diese Dualität auf bewundernswerte Weise darstellt.

Man kann mit Sicherheit behaupten, daß die von den Bön-Schamanen verehrten Gottheiten die Prototypen der späteren tibetanischen tantrischen Götter sind. Ohne die entscheidende Unterstützung der Bön-Religion hätte der tibetanische Buddhismus sicherlich nicht eine derartige geographische Ausbreitung erfahren, hätte nicht diese magischen, fremdartigen, erschreckenden und faszinierenden Merkmale angenommen, die heutzutage eine seiner Besonderheiten für die Menschen der westlichen Welt ausmachen.

Der Tantrismus bemächtigte sich umgehend der Bön-Techniken, wobei er jedoch ihre Anwendung und vor allem ihre psychischen Auswirkungen relativierte, was dank der Lehre der universellen Leere möglich war, die in gewisser Weise ein von »archaischen« Mystizismen zu sehr geprägtes Weltbild »entstaubte«.

Nach dem »Sieg« über die Bön-Dämonen beeilten sich die tantrischen Magier, ihre äußere Erscheinung wieder anzunehmen und ihre kultischen Handlungen wieder dem Buddhismus anzunähern, ohne jedoch wirklich den okkulten Sinn zu verändern.

Viele Beispiele ließen sich anführen, um diese Wendung der ursprünglichen Mächte zu illustrieren, die einst von den Bön-Hexenmeistern zugunsten der buddhistischen Religion ausgenutzt wurden. Es ist bekannt, daß der Dalai Lama (der 1930 herrschte), ein Bön-Ritual praktizierte, um sich ein langes Leben zu sichern. Er wälzte sich nackt auf der Erde, die vom Blut eines frischzerstückelten Kadavers getränkt war.

Die Bön waren überzeugt, ihre psychischen Energien durch die Lebenskräfte, die sie aus dem Fleisch, Blut und Saft des menschlichen Körpers bezogen, zu erhalten.

Ein jeder, der die tibetanischen Statuen und Mandalas betrachtet, ist mit Sicherheit erstaunt über die blutrünstigen, furchterregenden Gestalten, die zahllosen Dämonen und Zorngötter. Die Beschreibungen des tibetanischen Totenbuchs Bardo-Thodol sind ebenfalls voll von makaberen Berichten. Dieser ausgeprägte Gefallen am Dämonischen (selbstverständlich in einer dem Buddhismus eigenen metaphysischen Sicht) stellt ein Wiederaufleben oder eine Verherrlichung der traditionellen Bön-Kulte dar.

Die tantrischen Missionare konnten diese Riten und Überzeugungen, die übrigens von einer Mehrheit der Bevölkerung befolgt wurden, nicht einmal in abgeschwächter Form zulassen, ohne ihren »Sieg« über die dämonischen Kräfte zu gefährden.

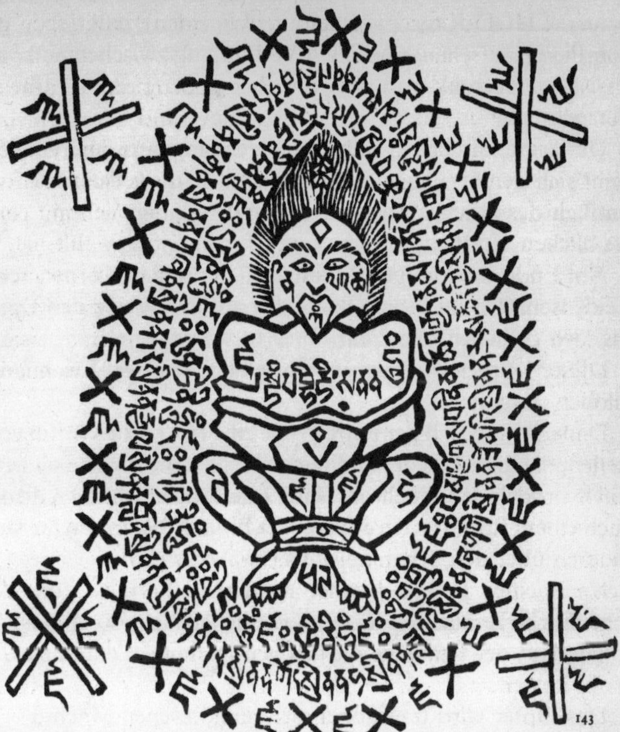

Magisches Zeichen

Die Idee der Leere autorisierte sie dazu, ohne ihre Botschaft mit irgendeiner Form von Ketzerei in Verbindung zu bringen.

Von dem Moment an, da diese sozusagen »wieder zurückgewonnenen« Götter eine besondere Rolle einnehmen durften, konnten sie Nutzen ziehen aus einer neuen stabilisierenden spirituellen Funktion, ohne ihre Kräfte zu verlieren, die sie von nun an in den Dienst der Buddhas und Boddhisattvas stellten (dies war auch bei den tantrischen Dämonen der Fall, die zu Hütern der großen Mandalas geworden waren).

Der CHOD-Ritus (wörtlich: zerschneiden) zeugt sehr gut von dieser aufsehenerregenden Verbindung zwischen einer archaischen Technik und der vom Begriff der Leere eröffneten Perspektive.

Um seine falschen Glaubensüberzeugungen zu überwinden, zieht sich der Anhänger des Tantrismus in die verschneite Einsamkeit des Hochgebirges zurück und vereinigt sich mit einer weiblichen Gottheit, die sein Guru für ihn ausgewählt hat.

Am Ende einer langen Askese bietet er seinen Körper, seine Leidenschaften und seine Begierden auf der Weide den Dakinis, den örtlichen Feen, dar.

Dieser Körper wird als »wohlbeleibter, kräftiger Leichnam« bildlich dargestellt.

Danach muß sich der Betreffende eine tantrische Göttin vorstellen, die seine Glieder und seinen Kopf zerhackt, ehe sie sie in einen brodelnden Kochtopf wirft (das Ausreißen der Glieder nach einem Ritual ist ein archaischer Brauch, der in den meisten Studien über den Schamanismus erwähnt wird).

Nach einer langen Litanei magischer Formeln, die das scheußliche zerhackte Fleisch in göttlichen Nektar verwandeln sollen, ruft der Gläubige die gierigen Dämonen, damit sie das Mahl kosten.

Das Opfer wird traditionell den dämonischen Mächten gewidmet, mit dem Ziel, sich ihre Kräfte einzuverleiben. Mit Hilfe dieses wiedergefundenen Rituals gibt der tantrische Buddhismus der den unsichtbaren Geistern zugesprochenen ursprünglichen Kraft eine etwas andere Bedeutung.

Der Eingeweihte beschließt die Zeremonie mit der unerschaffenen Substanz, die auf geheimnisvolle Art und Weise den Austausch zwischen der sichtbaren Welt und den okkulten Kräften steuert.

In der Durchführung des Rituals läßt sich die tantrische Überlegenheit feststellen. Gegenstand des Chod ist nicht länger das Erreichen unheilvoller Ziele durch dämonische Kräfte, sondern die eindrucksvolle Verwandlung der Götter zugunsten der spirituellen Befreiung des Eingeweihten, der seine psychische Last »abgeworfen« hat.

C) Erste Verbreitung der Lehre (650–680)

Um 650 schickt der damals regierende König von Lhasa, Srongbcan-sgampo, der vom tantrischen Buddhismus angetan ist, nach indischen Missionaren.

Die erste Woge dieser Missionare verbreitet eine mehr oder weniger dem Buddhismus angeglichene Form des Tantrismus, die stark von magischen Formeln und rituellen Vorschriften durchsetzt ist, die dem Erwerb übernatürlicher Kräfte dienen, wie: aus der Ferne zu sehen und zu hören, sich in die Luft zu erheben und zu schweben, ewig zu leben und mit den Toten in Verbindung zu treten.

Der König wird zum treuen Anhänger des Kultes der zornigen oder schrecklichen Gottheiten (die wahrscheinlich mit der bengalischen Schule des Kalacakra in Verbindung stehen).

Der klassische, auf den Schriften (Sutras) oder der metaphysischen Theorie (Prajnaparamita) gründende Buddhismus hatte keine Chance, in einer von Bön-Hexenmeistern und Magiern beherrschten Gegend Fuß zu fassen. Nur die Tantristen besaßen die nötigen Waffen und Techniken, die wirksam genug waren, um den schrecklichen Zaubereien der örtlichen Wundertäter zu entgehen.

Im Jahr 755 empfängt der Urenkel dieses Königs, ein eifriger Buddhist, chinesische Mönche, die dem theoretischen Madhyamika treu geblieben sind. Sie werden sehr rasch zu ernsthaften Konkurrenten für die indischen Missionare: einige Jahre später macht sie eine heftige Auseinandersetzung auf dem berühmten Konzil von Lhasa zu Gegnern (siehe später).

791 wird der Buddhismus zur Staatsreligion erklärt. Auf jene Nachricht hin widersetzen sich die adeligen Kasten, die traditionell den Bön-Hexenmeistern verbunden waren, energisch diesem Gewaltstreich, der vielleicht eher politischer als religiöser Natur war.

Der König benutzte den Buddhismus, um den Einfluß der Feudalen einzudämmen, die für seinen Geschmack zu unabhängig und zu stark der »primitiven« Religion treu waren.

Der Bau des Klosters von Samyé wurde zum Zankapfel eines

heftigen Kampfes zwischen den Anhängern des Tantrismus und den Bön-Magiern. Letztere kämpften verbissen gegen die Errichtung des heiligen Orts, und es gelang ihnen mehrmals, das Werk zu unterbrechen, indem sie sich ihrer Hexerei bedienten.

Der König mußte schließlich auf die Dienste des Wundertäters Padmasambhava zurückgreifen, der versuchte, sich elementare Kräfte anzueignen, die in Gestalt eines schlafenden Drachen unter den Fundamenten des Klosters schlummerten.

Padmasambhavas Tat hat symbolischen Charakter. Mit Hilfe eines Schachbrettmusters, das er auf dem zukünftigen Platz des Klosters anlegte, konnte er die Position von Kopf und Schwanz des Monsters ausmachen, dann orientierte er sich am Stand der Sonne, um das Feld auszuwählen, in dem der Grundstein gelegt werden sollte, ohne die Bestie zu wecken, der man die bislang von den Bön-Hexenmeistern kontrollierten Naturkräfte zusprach ...

Die Niederlage der Bön schien somit vollzogen, und der tantrische Buddhismus setzte seine Lehre auch beim einfachen Volk durch, das weiterhin mit Inbrunst einem Kult nachging, der Padmasambhava gewidmet war.

Vom VIII. Jahrhundert an machten sich die tibetanischen Gelehrten daran, die Gesamtheit der indischen buddhistischen Schriften zu übersetzen.

Ein hochbegabter Gelehrter namens Sambhota vollbrachte dieses schwierige Werk, indem er ein Alphabet und eine Grammatik entwickelte, die noch heute in Tibet in Gebrauch sind. Aber es galt ebenso, eine angemessene philosophische und metaphysische Terminologie zu entwickeln und beständige, präzise Begrife zu schaffen. Diese gewaltige Arbeit wurde schließlich um das IX. Jahrhundert herum vollendet. Ein Wörterbuch Tibetanisch/Sanskrit mit mehreren tausend Rubriken wurde zum Grundstein und unumgänglichen Bezugspunkt aller buddhistischen Studien.

Die modernen Forscher zollen dieser gelehrten Arbeit größte Hochachtung. Nicht nur die tibetanische Übersetzung hatte großen Anteil an der Rettung der Original-Schriften, sondern

man muß auch zugeben, daß die späteren indischen Texte, die in der Folgezeit entdeckt wurden, unbestreitbar minderwertiger sind als die tibetanischen Originale.

Es ist außergewöhnlich, daß eine derartige Sprache nur aus religiösen und kulturellen Zwecken entstanden sein soll. Tibetisch ist zweifellos die einzig wirklich buddhistische Sprache der Welt ...

Zur selben Zeit führte der indische Mönche Cantarakshita die Klosterregeln ein, die der Buddhismus hervorgebracht hatte, und die noch immer in den tantrischen Klöstern in Bengalen und Orissa Gültigkeit besitzen.

Der tibetanische Buddhismus zerfiel von jeher in eine klösterliche Richtung und eine spirituelle Lehrmeinung, die eher »anarchistisch« war. Das zurückgezogene Leben in einer Klause wurde nach und nach zum Los der Gebildeten und der Gelehrten des Gesetzes (Dharma), wobei die Weisen und die Bettel-Eremiten sowie die tantrischen Magier es vorzogen, die Erkenntnis und die übersinnlichen Kräfte in der Einsamkeit zu suchen (letztere hatten mehr Verbindung zum Volk, von dem sie verehrt und gefürchtet wurden).

Um 794 entbrannte ein heftiger Streit zwischen den Anhängern von Cantarakshita und der chinesischen Kolonie. Der König beschloß, sie öffentlich diskutieren zu lassen, um das herrschende Gleichgewicht zu zerstören und einer Partei die Oberhand zu verschaffen. Er versprach feierlich, daß die Sieger die alleinige pädagogische Autorität erhalten sollten.

Dieser scholastische Streit (der heutzutage unter dem Namen des Konzils von Lhasa bekannt ist) ging zum Vorteil der »stufenweisen« Schule aus (die von den indischen Missionaren verteidigt wurde). Die Chinesen als Fanatiker der »subitistischen« Schule mußten sich zurückziehen.

Man geht im allgemeinen davon aus, daß die chinesischen Anhänger den direkten, steilen Weg lehrten, die Meditation ohne Objekt, und sogar soweit gingen, die heiligen Schriften abzulehnen. Die Befürworter einer »stufenweisen« Perspektive, die die Riten, die Äußerlichkeiten und Schriften beachteten, wollten nicht eingestehen, daß die letzte Wahrheit ohne Hilfsmittel, ohne Zwischenstufen direkt und schnell erreicht werden konnte ...

Diese Polemik erinnert in mancher Hinsicht an die Auseinandersetzung, die in China die buddhistischen Schulen des Nordens und des Südens entzweite (siehe das Buch über Zen-Buddhismus in dieser Reihe).

Wir werden jedoch noch festzustellen haben, daß bestimmte tibetanische Einführungisrituale wie die Erkenntnis des Geistes in seiner Nacktheit oder das Mahamudra in keiner Weise vom chinesischen »Subitismus« verschieden sind. Es stimmt, daß sie nur den Eingeweihten vorbehalten sind. Einige Jahre nach dem Konzil von Lhasa flammte die Auseinandersetzung zwischen den Bön und den Buddhisten von neuem wieder auf.

Im Kloster von Lamye schlug der Blitz ein, und der König Lang-Darma legte dieses »Zeichen« sogleich als Mißgunst der Buddhisten aus.

Sofort setzte eine erbarmungslose Verfolgung der Mönche

ein, die Klöster wurden zerstört, die Manuskripte vernichtet und die indischen Missionare über die Grenze zurückgeschickt.

Die Bön beherrschten erneut die politische Szene.

Nur eine Art des populären Buddhismus um die Person des Padmasambhava lebte fort. Sie wurde im geheimen von der Sekte der Rotmützen (sie trugen leuchtend rote Kleider und Mützen) oder Alten Gläubigen aufrechterhalten.

Diese Schule unterscheidet sich klar von der zweiten Welle der indischen Missionare, die einen Buddhismus lehrte, der unmittelbar aus den ursprünglichen Quellen schöpfte.

D) Die zweite Verbreitung der Lehre

Nach einer Zeit politischer und religiöser Unruhen, die ungefähr ein Jahrhundert andauerten, riefen die tibetanischen Herrscher, die dieser Auseinandersetzungen müde waren, den indischen Meister Atisha (982–1054).

Atisha war eifriger Buddhist, ein von den Schriften geprägter Gelehrter, aber gleichzeitig auch ein tantrischer Yogi, der in die esoterischen Systeme eingeweiht war …

Als Atisha im Jahr 1042 in Tibet ankommt, ist das Land der spirituellen Anarchie verfallen. Herumirrende Verrückte, Heilige, Mystiker und fanatische Anhänger der Askese nehmen überhand. Eine Reform ist vonnöten.

Atisha versucht, unterstützt von seinem Schüler Bron-Ston, den im Niedergang begriffenen »wilden« buddhistischen Glaubensüberzeugungen eine gefestigte Struktur und ein solides Fundament der Lehre zu geben.

Tatsächlich hatten die Bön ihre alte Stellung wieder erlangt und drängten ihre magischen Praktiken wieder auf, die den Sinn der aus der ersten Periode geerbten tantrischen Riten verfälschten.

Nur die gewissenhafte Weitergabe der Lehre des Gesetzes (Dharma) konnte die abwegigen mystischen Verirrungen und den Aberglauben des Volkes zügeln und eindämmen.

Atisha richtete »Initiations-Reihen« ein (esoterische Vermittlung zwischen Meister und Schüler). Der den Tantrismus bedrohende Verfall zwang ihn, die geheimen Riten zur Sublimierung der Wünsche vor den schädlichen »archaischen« Einflüssen zu verteidigen. Diese Praktiken waren von nun an den Schülern vorbehalten, die eine lange Lehrzeit hinter sich hatten (Studium heiliger Texte, Meditation, Einhaltung der klösterlichen Regeln).

Atisha und Bron-Ston gründeten den Orden der Kadampa (»Diejenigen, die durch den Gehorsam verbunden sind«), im ganzen Land wurden Klöster gebaut, in denen die ursprüngliche Regel (Vinaya) galt. Dort unterrichtete man die Sutras, die Mantras und das Mahayana.

Die Mönche legten das Gelübde der Ehelosigkeit ab und führten ein karges, hartes Leben, das dem Studium und den Riten gewidmet war.

Aber dieses Mönchstum ist zu streng für die tibetanische Mentalität, die davor zurückschreckt, Gelübde des ständigen Gehorsams abzulegen, und eine weniger reglementierte, freiere Form des Klosterlebens vorzieht.

Der kulturelle Grundstock Tibets ist vom Schamanenglauben geprägt, und aus diesem Grund wirkt der Tantrismus anziehend auf die Tibeter, allerdings auf Kosten des Studiums, der Kommentare und der Theologie.

Zu dieser Zeit wird die mit dem System des Madhyamika verbundene Meditation nur wenig geschätzt, die weltlichen Laien bevorzugen einen leichter gangbaren, weniger theoretischen Weg.

Marpa (1012–1096, ein Weggefährte von Atisha, der von einem alten Geschlecht indischer Weiser (Tilopa, Naropa) abstammt, lehnt es ab, sich in ein zu rigides, zu scholastisches Schema einzwängen zu lassen.

Er gründet den Orden der Kagyupa (»Die apostolischen Nachfolger«), ohne die Notwendigkeit einer »gemischten Lehre« (Studium der Texte) des Kadampa in Abrede zu stellen. Er legt vor allem Wert auf die Ausübung des Yogas und auf die tantrische Meditation.

Die Kagyupa verbreiten die geheimen Lehren des tantrischen

Buddhismus, preisen die Befreiung mit Hilfe der Askese und die Betrachtung des eigenen Wesens, das mit der Leere gleichgesetzt wird.

Aber diese grauenerregenden Praktiken können nicht als »normaler« spiritueller Weg angesehen werden. Die Kagyupa blieben mehr oder weniger eine Randerscheinung der tibetanischen Religionsgemeinschaft.

Die Tulku

In dieser Zeit entstand der bald systematisierte Brauch, die großen Lamas, die religiösen Herrscher, unter auserwählten Kindern auszusuchen. Die Tibeter sind die einzigen Buddhisten, die diese seltsame Methode anwenden, die auf dem Glauben an die Wiedergeburt und die Hellseherei basiert (siehe dazu das Buch über die Reinkarnation in dieser Reihe).

Die Idee des Bodhisattva (der Weise, der nach seiner Befreiung das Gelübde ablegt, auf die Erde zurückzukehren, um alle Lebewesen zu erlösen) steht zweifellos am Ursprung dieser Tradition, die den westlichen Menschen merkwürdig vorkommt.

Nehmen wir ein Beispiel. Vor seinem Tod nennt der Abt eines Klosters den ungefähren Ort seiner späteren Wiedergeburt.

Einige Jahre danach bricht eine Gruppe von Lamas auf, um ihn zu suchen. Bei seinen Verwandten wird eine gewissenhafte Suche durchgeführt, Kinder werden befragt, man beobachtet das Verhalten von Menschen, ehe man einige beweiskräftige Hinweise herausfiltert.

Sobald die mit dieser schwierigen Mission beauftragten Lamas meinen, den Tulku (die »Reinkarnation« des Verstorbenen) schließlich gefunden zu haben, unterziehen sie ihn einem strengen Verhör und zeigen ihm Gegenstände, von denen einige dem Toten gehört hatten.

Wenn das Kind eine Prüfung nach der anderen zur Zufriedenheit besteht, nehmen es die Lamas mit Einverständnis der Familie mit ins Kloster, wo es erzogen, unterrichtet und zum Mönch geweiht wird, um dann, wenn es alt genug ist, sein früheres Leben wiederaufzunehmen.

Man könnte natürlich ausführlich über das Wesen dieser außergewöhnlichen Praxis nachdenken, die für den abendländischen Verstand unbegreiflich ist (das Buch in dieser Reihe über die Reinkarnation erläutert die Begleitumstände).

Die Suche nach einem Tulku gestaltet sich manchmal langwierig und schwierig, ist aber fast immer von Erfolg gekrönt (der Dalai Lama wird auf diese Art und Weise ausgewählt). Man muß übrigens darauf hinweisen, daß die Sekten und die Orden, die sich der Askese und der Meditation verschrieben haben, sich nicht dieser Methode bedienen; von einigen Ausnahmen abgesehen, vollzieht sich die Nachfolge des Schülers auf den Meister im Prinzip durch die unmittelbare spirituelle Übertragung.

Der tibetanische buddhistische Kanon

Das literarische und religiöse Erbe des buddhistischen Indien wurde dank der hingebungsvollen Arbeit der tibetanischen Gelehrten im letzten Augenblick vor den muselmanischen Eroberern gerettet.

Nachdem die Übersetzungsarbeiten beendet waren, wurde es unumgänglich, diese umfangreichen Einzelwerke zu ordnen und zu klassifizieren.

Der Enzyklopädist Bu-Ston (1290–1364) leitete persönlich diese Arbeit. Die Gesamtheit der Texte wurde in einem *Kanon* zusammengestellt, der zur schriftlichen *Autorität* aller Geistlichen wurde, in allen Klöstern zirkulierten Kopien davon (die ersten Exemplare von auf Holzplatten gravierten und dann gedruckten Texten erschienen im XIII. Jahrhundert).

Der Kanon unterteilt sich in zwei Hauptwerke, die Kanjur und die Tanjur.

Die *Kanjur:* »Übersetzte Worte des Buddha« umfassen drei Arten von Büchern:

- Die »klassischen« Sutras und die »mahayanistische« Prajnaparamita; das sind die Gebete, die traditionell dem Gautama zugeschrieben werden.

- Das Vinaya; die Klosterregel.
- Die Tantras; die späteren Lehren, Riten und Praktiken, die dazu bestimmt waren, die Erlösung in einer einzigen Existenz zu erlangen.

Die *Tanjur:* »Übersetzte Abhandlungen« umfaßten 225 Bände von Kommentaren, esoterischen Lehren, Gedichten und heiligen Hymnen, die den indischen Weisen und Gelehrten zugeschrieben wurden.

E) Die Reform von Tsong Kha Pa

1357 unternahm Tsong Kha Pa, ein hochrangiger Gelehrter mit einem allumfassenden Wissen, der vom Studium des buddhistischen Kanons geprägt war, aber sich auch leidenschaftlich für Poesie, Mathematik, Astronomie und Medizin begeisterte, eine Reform des gesamten klösterlichen Systems, das sich mitten in der Auflösung befand.

Lange Zeit allein, gewann er schließlich die Kadampa als Verbündete und gründete den Orden der Gelugpa (die »Gelbmützen«, die Farbe wurde von den ersten buddhistischen Geistlichen übernommen).

Das Ausmaß der von Tsong Kha Pa durchgeführten Reform entspricht genau dem Grad des Niedergangs, den das tibetanische Mönchstum erreicht hatte.

Die Gelugpa wandten die Regel (Vinaya) systematisch an, so wie sie zwanzig Jahrhunderte vorher an den Ufern des Ganges gelehrt worden war:

- Das Zölibat ist Pflicht.
- Die Mönche verzichten auf die weltliche Macht (die Verweltlichung war sicher schon überall verbreitet).
- Ein viertes Gelübde (dem Orden geweiht) wird der dreifachen traditionellen Zuflucht (Buddha, das Gesetz, die Gemeinschaft) hinzugefügt.
- Das Klosterleben unterliegt einem strengen Stundenplan,

Rezitieren von Sutras, Gebete, Fasten, öffentliche Bekenntnisse.

- Tsong Kha Pa bricht nicht mit dem Tantrismus, aber er verurteilt die schwarze Magie und die Geisterbeschwörung (die wahrscheinlich am Zunehmen war).

Die Gründung der Gelugpa trug stark zur Festigung der schwankenden Autorität der Lama-Kirche bei und schaffte es, die Schulen und Sekten, die sich den tantrischen Praktiken hingaben, ins Abseits zu stellen. Letztere, von den Staatsgeschäften ferngehalten, widmeten sich den asketischen Übungen und den mehr oder minder okkulten rituellen Praktiken.

Man könnte, natürlich unter Berücksichtigung der unterschiedlichen Situation, die Gelbmützen mit westlichen Klosterorden wie den Zisterziensern oder Dominikanern vergleichen, während die Rotmützen eher den Kontemplativen (betrachtend) wie den Franziskanern ähneln.

Im Laufe dieses Zeitabschnitts (XIV. Jahrhundert) festigten sich die Traditionen des Alten Ordens (die Rotmützen).

Esoterische Texte, die nach der großen Verfolgung im X. Jahrhundert vergraben worden waren, wurden auf geheimnisvolle Weise entdeckt. Diese Schriften, die mit großer Einstimmigkeit Padmasambhava zugesprochen wurden, fanden beim Volk begeisterte Aufnahme (dies war der Fall beim tibetanischen Totenbuch, dem Führer des Verstorbenen auf seiner Wanderung).

F) Die tibetanischen Sekten

1. Die Gelugyna

Die offizielle, von Tsong Kha Pa reformierte Kirche (sie umfaßt auch die einst von Atisha begründeten Kadampa) ist der Orden des Dalai Lama. Die »Mönche des tugendhaften Verhaltens« widmen sich dem scholastischen Studium der kanonischen Texte und bilden Meister in Logik und Philosophie aus.

2. Die Nigmapa

Die Rotmützen des »Alten Stils«; Die von Padmasambhava begründete Kirche behauptet sich trotz Schicksalsschlägen weiter. In ihren Klöstern zurückgezogen lebend, entwickelten die Rotmützen magische und spirituelle Praktiken.

3. Die Kagyupa

Die von Marpa, dem Übersetzer, gegründeten »apostolischen Nachfolger«. Ihr Weg ist hauptsächlich esoterisch und orientiert sich am Einweihungs-System des Mahamudra oder Lehre von der Großen Gebärde, die ihren Anhängern in diesem Leben die Erlösung bringen soll.

Man muß außerdem den Orden der Karmapa erwähnen, Abtrünnige der vorhergehenden Sekte, die diese aus mehr oder minder »ketzerischen« Gründen verlassen haben.

Schließlich sind da noch die Schwarzmützen, die weiterhin an ihren Schamanenritualen festhielten und sich eine Form des heruntergekommenen Buddhismus einverleibt hatten, der von seinen tiefen Wurzeln abgeschnitten war.

འཆི་མེད་པདྨ་ས་སྐྱོ་ཡི།

ZWEITER TEIL

Die Metaphysik des Vajrayana

Die Energie – Das Gute und das Böse – Die tantrische Methode – Die Bedeutung der Riten des Vajrayana – Die Visualisation und die Methoden der Meditation – Die Yidams und die Dakinis – Die Gegenwart der Gottheiten – Das Rad des Lebens

Das Vajrayana oder Diamantene Fahrzeug ist die in Tibet am weitesten verbreitete Form des Buddhismus. Trotz häufiger Rückgriffe auf die Schriften (die im Kanon gesammelt waren) nahmen die Laien und die Mönche ständig Zuflucht bei dieser Lehre, deren ausschließlich praktische Ziele ihren angeborenen »pragmatischen« Sinn befriedigte.

Das Vajrayana, das unmittelbar von der durch Nagarjuna begründeten Schule Madhymika beeinflußt war, lehnte sowohl den illusorischen Glauben an die Existenz der Phänomene ab als auch die »Entleerung« jeglicher Art von innerer Wirklichkeit.

Das Vajrayana entwickelte sich als Reaktion gegen die gelehrte Theorie, gegen die Anhäufung eines doktrinären Wissens. Die individuelle Meditation und die Suche nach der spirituellen Verwirklichung traten wieder in den Vordergrund (der Volkskult drohte das Wesen des buddhistischen Wegs zu verfälschen, indem er dessen ursprüngliche Strenge verwässerte).

Ehe man sich mit dem Vajrayana beschäftigt, ist es unerläßlich, zwischen zwei Ebenen von nur schwer miteinander harmonierenden Praktiken zu unterscheiden.

- Die *Magie:* deren Anhänger versuchen vor allem, Kräfte (Sidhis) zu erwerben, um ihr gegenwärtiges Leben zu erleichtern, Gesundheit, Liebe, Sieg über die Feinde, Beherrschung der unsichtbaren Mächte.

- Die *Soteriologie:* der Schüler versucht, sein eigenes »Buddhistentum« zu verwirklichen, das Wesen des Diamanten (Vajrasattva) zu erkennen, mit Hilfe von Ritualen, von Yoga, von Meditation und von Techniken der Visualisierung, die von Nagarjunas Schlußfolgerungen (Nirwana und Samsara beinhalten dasselbe) beeinflußt sind. Das Vajrayana bringt seine Anhänger dazu, sofort alle ihre Kräfte einzusetzen, um die Illusion zu zerstreuen, die den Glauben an den Unterschied zwischen dem einen und dem anderen nährt.

»Alle Lebewesen sind Buddhas, aber diese Tatsache wird durch hin und wieder entstehende Verunreinigungen getrübt.«

Das Yoga, die Riten, die Visualisierungen und die Meditation haben den Zweck, diese »Unreinheiten« zu überwinden: kulturelle Konditionierungen, Leidenschaften, Gefühle und Abhängigkeiten.

A) Die Energie

Das Mahayana gab dem Erwachen der plötzlichen, transzendentalen Erkenntnis (Prajna) den Vorzug. Unglücklicherweise ist dieser direkte, steile Weg für die Mehrzahl der von ihren Begierden gefesselten Menschen versperrt.

Der Tantrismus schlägt zur Linderung dieser »Unzulänglichkeiten« einen Weg der Energie vor.

»Das, was im Herzen aller Lebewesen wohnt, die aus sich selbst existierende Einfachheit, das, was die Weisheit unterstützt. Diese unzerstörbare Substanz ist die Energie der großen Freude; wie der Raum breitet sie sich überall aus, das ist der nichtseßhafte Leib Dharma.«

Die tantrische Praxis verlangt von ihren Schülern, daß sie mit Hilfe der geduldigen, distanzierten, von vorübergehenden Erscheinungen getrübten Beobachtung die Existenz einer unveränderlichen Energie entdecken.

Diese Energie ist überall vorhanden, sowohl im Zorn, im Begehren und in den Gefühlen als auch im entspannten, glücklichen und erleuchteten Bewußtsein.

Diese Energie ist nicht zerstörbar, sie schafft unterschiedslos dunkle Gedanken ebenso wie Weisheit und Mitleid.

Drei Stufen der Beobachtung führen zur inneren Erkenntnis ihrer Gegenwart.

- Die Loslösung: Wir müssen damit aufhören, zwischen uns und den Erscheinungen einen Zusammenhang herzustellen, gleichgültig, ob sie durch das Denken oder durch die »Außen«-Welt entstanden sind.

- Die Überwindung der eingeengten Wahrnehmungsfähigkeit: Wir stellen ständig einen Filter zwischen unsere Wahrnehmungen und die Wirklichkeit, die durch ein verzerrendes Prisma erscheint.
- Das Begreifen der Nicht-Existenz von Verwirrung: Nichts existiert außer dem reinen Bewußtsein, das frei ist von egozentrischer Vergiftung.

B) Das Gute und das Böse

Man hat den Tantristen oft vorgeworfen, gegen die Regeln zu verstoßen, die Verbote und Tabus zu übertreten.

Dennoch ist diese Haltung »logisch«. Von dem Augenblick an, in dem der Anhänger die vorübergehende Natur der offensichtlichen Widersprüchlichkeiten zwischen dem »Guten« und dem »Bösen« erkennt, kann er frei tun, was ihm gefällt.

Nur das verwirrte, von seinen selbst erzeugten Hirngespinsten verdüsterte Bewußtsein errichtet schwankende moralische Gedankengebäude und versucht vergeblich, das »Gute« und das »Böse« einander gegenüberzustellen.

Es liegt auf der Hand, daß es absurd ist, irgend etwas zu verbieten im Namen einer sogenannten Weisheit, da die Verwirklichung der letzten Wahrheit unmittelbar besagt, daß jede Art von dualistischer Betrachtung zur vollkommenen Gleichwertigkeit der Gegensätze führt.

Angesichts der Versuchungen, Schwierigkeiten und Herausforderungen, die die weltlichen Erscheinungen auf unsere ungezügelten Sinne einwirken lassen, müssen wir freiwillig neutral bleiben und unser wahres, undifferenziertes Wesen, das leer und formlos ist, zu vertiefen versuchen.

Es ist vergebliche Mühe, wenn man versucht, die als »schädlich« eingestuften Wahrnehmungen und Gedanken auszulöschen. Das Festhalten am Guten und am Bösen stellt ein unüberwindbares Hindernis dar.

Der Tantrismus hütet sich davor, die Übertretung der Werte zu dogmatisieren. Es liegt im Wesen der Leere, daß sie sich der begrifflichen Bestimmung entzieht.

Im dritten Teil dieses Buches werden wir sehen, daß der Unterricht der tantrischen Meister gegen alle konventionellen Regeln verstieß, stets darum bemüht, absurde Situationen zu provozieren, um die psychologischen Widerstände ihrer Schüler zu brechen, die noch immer im Netz der Unwissenheit gefangen waren.

So überging der große indische Weise Padmasambhava, der als eine der bedeutendsten Personen Tibets geehrt wurde, alle herrschenden Konventionen sozialer, moralischer und religiöser Natur.

»Beziehe Deine Kraft aus dem Nicht-Verhinderten«, laß dem Strom seinen natürlichen Lauf.

»Weder Unterdrückung noch Gleichgültigkeit jeglicher Art dürfen existieren.«

Dieser Satz erregt ein merkwürdiges Echo. Wir wissen, daß die Fanatiker der subitistischen chinesischen Schule (siehe das Buch über Zen in dieser Reihe) auf dem Konzil von Lhasa den Befürwortern des stufenweisen Wegs unterlagen, nichtsdestotrotz erinnern der Ton und die Form dieser Verse an den Stil des Ch'an.

»Nicht-Verhindert«, »der Strom« – dies sind offensichtlich Merkmale des chinesischen Taoismus, der einen sehr starken Einfluß auf das »Denken« des Zen ausübte.

C) Die tantrische Methode

»Sobald Du den tantrischen Weg einschlägst, kannst Du sicher sein, Dich auf den Zustand des Buddha zuzubewegen, oder aber auf Avici, die schlimmste aller Höllen!«

Das Vajrayana pflegt eine entschieden praktische Einstellung. Unsere Reaktionen müssen schließlich zur Befreiung beitragen.

Der tantrische Yogi benutzt seine Gelüste, Hunger und Durst, seine Verunreinigungen und Konditionierungen als Stoff, um sie zu verwandeln und zu verändern.

Die Kraft des Geistes, die normalerweise für weltliche Zwekke benützt wird (Besitz, Erwerb einer Sache) wird vorsichtig zur inneren Erkenntnis umgewandelt.

Der Weg des Diamanten lehnt keine Leidenschaften ab, aber anstatt sie durch die verstandesmäßige Willenskraft zu unterdrücken, unterzieht er sie einer sittlichen Läuterung.

Man kann eine Leidenschaft nicht einfach ausreißen, denn sofort tritt das Verdrängte mit den dunklen Regionen der Seele in Verbindung und wirft die ihrer psychologischen »Krücken« beraubte Person rücksichtslos aus dem Gleichgewicht.

Man kann jedoch die Energie einer Leidenschaft auf die symbolischen Vorstellungen übertragen, die sich im Geist und in der Fantasie abspielen.

Die komplexe Symbolik des Vajrayana, auf die wir noch zurückkommen werden, ist dazu bestimmt, die von ihrem ursprünglichen Ziel abgekommenen Kräfte aufzunehmen und zu speichern.

Der Geist wird umorientiert und auf das Innere zurückgelenkt. Die Tugenden und Laster werden zu aufeinanderfolgenden Stufen, zu Sprossen einer Leiter, die zur Verwirklichung führt.

Der Tantrist ist dabei kein seliger, passiver Zuschauer. Von der Unwirklichkeit der Erscheinungen überzeugt, von der in seinen Meditationen erahnten universellen Leere durchdrungen, hört er auf, Angst zu haben, beunruhigt zu sein, zu begehren und zu verabscheuen.

Dank der fortschreitenden Reinigung seiner Sinne durch das Yoga ist alles heilig geworden.

Hört er einen Laut? Er identifiziert ihn sofort mit der Mantra (der ursprünglichen Schwingung, die die Welten erschaffen hat).

Sieht er ein Tier, ein Lebewesen? Er weiß, daß auch er selbst Teil des nicht festgelegten, freien Wesens des Buddhas ist.

Die gefährlichsten und abwegigsten psychischen Kräfte, der Sexus, die blutrünstige Leidenschaft der Gewalt und des Hasses tragen zur Bereicherung seines inneren Seins bei.

Die körperliche und psychologische Kraft wird geistig verwendet.

Anstatt nach dem Muster bestimmter kontemplativer Techniken die Gleichgültigkeit zu preisen, bleibt der Tantrismus den Lehren des Yoga (siehe das Buch in dieser Reihe) treu und hält diesen psychologischen Ersatz fern:

»Die Gleichgültigkeit ist kein Gefühl, denn sie kann nicht zur Extase (Samadhi, Yogasutra) führen.«

Der Tantrismus legt großen Wert auf die Energien, die in den Leidenschaften, im Zorn, im sexuellen Begehren und in der Liebe zum Meister verborgen sind.

Diese geistigen Phänomene sind sehr heftig, sie sind Teil einer Inbrunst, die den Geist aus dem Gleichgewicht bringt, mit den dualistischen Konventionen bricht und die Einheit aller Dinge unterschwellig vorausahnen läßt.

Aber die von den Sinnen ausgeübte Tyrannei verlangt danach, durch die Praxis des Yoga gebremst zu werden. Diese sinnliche Reinigung festigt den Anhänger und erlaubt ihm, den psychischen Verlockungen zu widerstehen. Die im Lauf einer Meditation entstandene Energie kehrt danach von selbst ins Zentrum des Bewußtseins zurück.

Das Auftreten einer Leidenschaft erschüttert heftig das psychologische Wohlbefinden, aber unglücklicherweise sind wir nicht imstande, das wahre Wesen dieser Erscheinung zu erkennen.

Angesichts aufsteigender Begierden ist es unabdingbar, eine passive Haltung des Nicht-Handelns einzunehmen.

Jede Emotion muß vollkommen die Freiheit des nicht Festgelegten (Unkonditionierten) ausdrücken, sie zielt auf das unveränderliche innere Glück ab.

Freude und Leere sind identisch.

Fassen wir den tantrischen Prozeß der Umwandlung der Begierde und Triebe noch einmal zusammen:

1. Wenn das Begehren entsteht, dürfen wir nicht darauf reagieren, wir müssen offen bleiben für seine Ursachen, seine Folgen und die Bedingungen, die es hervorgebracht haben.
2. Die entstandene Kraft wird auf ein Symbol umgelenkt, zum

Beispiel auf eine Gottheit. Bei der Methode der sogenannten »Brauchbaren Mittel« (Upaya Margha) gebrauchen die Tantristen die Gottheit, die Glück und Leere verkörpert, zur Unterstützung ihrer Meditation.

3. Die »fortgeschritteneren« Anhänger arbeiten ständig an der von ihrem Meister vorgeschlagenen Bereicherung durch die Visualisierung. Gleichgültig, was sie tun, ihr Geist identifiziert sich immer mit dem gewählten Symbol; ohne daß sie den Ankerpunkt verlassen, bleiben sie im Zustand der Leere.

Für das Vajrayana hat sich oft die Notwendigkeit gestellt, »günstige Bedingungen« für das Loslassen zu schaffen.

Die Meister haben alle Kräfte aufgeboten, um ihre Schüler in schwierige Situationen zu bringen. Die Anziehung oder die Abneigung zwingen den Tantristen, aus seinen Reserven zu schöpfen, die Vorstellung von der Sittenwidrigkeit zu überwinden (die als notwendige Voraussetzung für die amoralische Haltung angesehen wird, die mit der Non-Dualität in Einklang steht).

D) Die Bedeutung der Riten des Vajrayana

Der tantrische Buddhismus kann nicht auf mechanische Weise praktiziert werden. Seine Riten bilden eine Brücke, eine wirksame vorübergehende Hilfe zur Gewöhnung an »übernatürliche« Bewußtseinszustände.

Die Ausübung eines Rituals setzt immer die unteilbare Einheit von Körper, Wort und Geist voraus.

Der *Körper:* Die Tantristen vernachlässigen den Körper nicht, sondern versuchen, ihn zu züchtigen, ihn am Ablauf der Einweihungszeremonien »teilhaben« zu lassen.

Die unzähligen individuellen oder gemeinschaftlichen Demütigungen zügeln den Geist und führen die abschweifenden Gedanken wieder zurück.

Die Opfergaben aus Blumen, Weihrauch und Lichtern (Votiv-Öllampen) sind weniger für die äußeren Symbole bestimmt

(Statuen, bildliche Darstellungen) als für das Haus des Gläubigen, für eine geistig-körperliche Verbindung mit der inneren Gottheit.

Die Mudras, symbolische Bewegungen der Hände und Finger, haben als oberstes Ziel, den in Erregung geratenen psychosomatischen Kreislauf zu »schließen«.

Das *Wort:* Die Mantras, Silben oder Phoneme (Laute) stammen von einer esoterischen Lehre ab. Die Tantristen messen diesen langen »Reihen« von Schwingungen, die ausgestoßen werden, um die erwählte Gottheit zu erschaffen, zu »materialisieren«, große Bedeutung bei.

Der Guru hat die Aufgabe, seinen Schüler die richtige Aussprache zu lehren, die im Zusammenhang mit der Kontrolle der verschiedenen Atemtechniken (Pranayama) steht.

Ein falsch ausgesprochenes Mantra ist wie ein seiner Wurzeln beraubter Baum, er vertrocknet auf der Stelle, die Rezitation ergibt keinen Sinn mehr und wird zur Karikatur.

Das echte Mantra geht durch den ganzen Körper, der Laut erweckt schlafende Regionen der Psyche, seine Wirkungskraft ist unkalkulierbar.

Das mit einer Gottheit in Verbindung stehende Phonem läßt diese im wahrsten Sinn des Wortes aus dem unerschaffenen Bewußtsein auftauchen, das mit der universellen Leere gleichgesetzt wird. Der Schüler muß sich danach von selbst mit der Erscheinung dieser archetypischen Figur vereinigen.

Das berühmteste tibetanische Mantra, das täglich von Millionen von Gläubigen rezitiert wird, lautet:

OM MANI PADME HUM

Man könnte es in etwa wie folgt übersetzen:

OH DU SCHÖNES JUWEL IM LOTUS!

Es handelt sich offenbar um eine mystische Anrufung des Bewußtseins von Buddha, das in jedem von uns schlummert, in der Tiefe unserer psychischen Sphären.

Dieses Mantra ist in die Gebetsmühlen eingraviert, die, in-

Die Vereinigung des Männlichen und des Weiblichen

dividuell oder gemeinsam genutzt (am Rande der Tempel), ununterbrochen von Laien und Mönchen gedreht werden.

Man hat diese Praxis ungerechterweise oft verdammt, da man sie des Aberglaubens verdächtigte.

Diese abwegige Bemerkung rührt von einem offensichtlichen Glaubensmißverständnis her, aber auch vom spirituellen Verständnis des tibetanischen Volkes. Die Gläubigen sagen kein mechanisches Vaterunser auf. Sie sind sich vollkommen über die oberflächliche Nichtigkeit dieses Vorgangs im klaren, aber ihr Handeln ist in hohem Maße symbolisch, eröffnet eine Ebene der inneren Wirklichkeit, die das spirituelle Geheimnis eines jeden einzelnen bleibt ...

Es steht uns nicht zu, die indirekten Wirkungen der populären Ausführung der Mantras zu beurteilen, auch wenn sie oberflächlich »bigott« erscheinen ...

Der *Geist:* Alles wird vom Geist erzeugt und kehrt in den Geist zurück.

Die am weitesten verbreitete tibetanische Meditation besteht in der »Schaffung« von inneren Gottheiten und in der Identifizierung mit ihnen, ehe sie wieder »abgebaut« werden, um in der ursprünglichen Leere zu versinken (siehe folgendes Kapitel).

Die Tibeter haben dank ihrer eigenen Begabung, geprägt von den aus dem Schamanentum geerbten psychischen Kräften, eine Reihe von Symbolen und Hilfsmitteln geschaffen, die alle zur alchimistischen Verwandlung des Geistigen bestimmt sind.

Die alltäglichsten Symbole sind Gegenstand der Anbetung, da sie entweder abstrakte metaphysische Prinzipien oder Bewußtseinszustände, Etappen auf dem Pfad des Diamanten (Vajrayana) darstellen.

Das bekannteste ist das Vajra oder Zepter des Diamanten (auf tibetanisch Dorge).

Dieses rituelle Instrument, das von den Lamas im Lauf der Zeremonien benutzt wird, ist ein kleines, fünf bis zehn Zentimeter großes Zepter aus Bronze, Silber oder Gold.

Einer seiner Griffe ist manchmal mit einer Glocke verziert, die bewegt wird, um den Ablauf der Einweihungsrituale zu kennzeichnen. Es symbolisiert die unklare Weisheit (Prajna) und die »Wirksamen Mittel« (die Umwandlung der Emotionen und Leidenschaften in Energie).

Der Diamant materialisiert die von den Buddhas erreichte Perfektion, ihre unauflösbare Vereinigung mit der Leere.

Die zweite Art von Symbolen sind umfangreiche bildliche Darstellungen, von denen einige pädagogisch (das Rad des Lebens, siehe später) oder der Einweihung zugehörig sind (die Mandalas, siehe dritter Teil).

Die dritte Kategorie von Symbolen wird von unzähligen Göttern oder Gottheiten des tibetanischen buddhistischen Pantheons gebildet: die Yiddam.

Wir widmen das nächste Kapitel diesen seltsamen Figuren, die einer der Hauptbeiträge der Tibeter zum Buddhismus sind und seine Einzigartigkeit im Vergleich zu anderen Meditationstechniken hervorheben.

Die Tibeter hüten sich jedoch davor, den Riten und Symbolen einen endgültigen Wert zuzuschreiben: Die Erleuchtung hat Vorrang, und der Schüler muß bewußt bleiben, Herr über seine Energien, die er in einen verborgenen Winkel oder in einen Halt gesteckt hat.

Wenn nicht, besteht die Gefahr, daß das falsch gebrauchte Symbol die Überhand über den Experimentator gewinnt und das Bewußtsein des Anhängers »übersteigt«, der es unbewußt provoziert hat.

Die folgende Geschichte illustriert diese vorsichtige Haltung gegenüber den psychischen rituellen Schöpfungen:

Eines Tages errichtete der Weise Naropa einen herrlichen Altar, auf dem die Kraft eines Heruka, einer schrecklichen Gottheit, die das Prinzip der Energie verkörpert, sich kundtat. Anschließend forderte er seinen Schüler Marpa (den zukünftigen Begründer der Yogi-Sekte der Kagyupa) auf, zwischen seiner Person und der Erscheinung zu wählen.

Wer würde seiner Erleuchtung mehr dienen, der geweihte Altar oder sein Meister?

Das Heruka vermittelte einen derartigen Eindruck von Macht, von seinem Altar ging eine derartige geistige Durchdringung aus, daß Marpa, der zwar im Studium der Texte bewandert war, aber dem die wahre Praxis der Meditation noch fremd war, für das Symbol stimmte.

Marpa berichtigte ihn jedoch sogleich: »Ohne mich existierte dieser Altar nicht! Er ist meine Schöpfung! Es ist nicht notwendig, den menschlichen Körper einer Fälschung gegenüberzustellen, selbst wenn sie heilig ist!«

E) Die Visualisierung und die Methoden der Meditation

Die Visualisierung ist ein charakteristisches Merkmal des tantrischen Wegs. Sie taucht erst in der Spätphase des Buddhismus auf und wird in den Gebeten Gautamas nie erwähnt.

Die Visualisierung stützt sich auf eines der Grundprinzipien des »klassischen« Buddhismus: Die Welt ist eine Schöpfung des Geistes.

Die Yogis sind wahre Meister in der Erschaffung innerer geistiger Welten, die reich und vielfältig sind. Sie sind zu Meistern in der Kommunikation mit den psychischen Kräften geworden, mit dem Ziel, übernatürliche Bewußtseinszustände zu erreichen.

Mit Hilfe seiner geistigen Schöpfungen muß der Anhänger mit einem Mal die Wesensgleichheit zwischen seinem »Ich« und der »Realität« erkennen.

Die Gesamtheit der psychischen Kräfte, die bei der Erschaffung einer erwählten Gottheit erweckt werden, unterscheiden sich nicht von den Energien, die jeder von uns natürlich verwendet, um seine Umgebung zu schaffen.

Nur die Kräfte, die traditionell in die »äußeren« Erscheinungen investiert sind, werden klugerweise von ihrem Objekt abgelenkt und stärken die verinnerlichte Meditation.

Nach der tibetanischen esoterischen Lehre »besitzen« wir eine einzigartige innere Gottheit, eine persönliche Macht, die heimlich unsere Triebe, Instinkte und Wünsche verkörpert.

Nur der Meister allein ist in der Lage, diese geheime Gottheit zu identifizieren, er ist imstande, die psychischen Eigenschaften

herauszufiltern, die die spirituelle Erhöhung seines Schülers begünstigen.

Ist ihm diese Gottheit erst einmal zugesprochen, so muß der Anhänger in engster Vertrautheit mit ihr leben. Dieser Einführung folgt ein schwieriges, gefährliches Fortschreiten, das ständig vom Meister überprüft wird.

Diese Integrationsarbeit beginnt mit einer genauen Beschreibung der Gottheit; ihre Gestalt, ihre Haltung, ihre Kleidung, ihre symbolischen Attribute, ihre Farbe, ihr Gesicht, ihre Augen, ihr Mund, ihre Hände ergreifen langsam Besitz vom Geist des Anhängers.

Am Anfang bleibt die innere Vorstellung unverändert, dem

Schüler gelingt es nicht, sich die Gottheit richtig vorzustellen (visualisieren), sie bleibt flach, ohne Profil.

Nach und nach gelingt es ihm, die Symbole zu beleben, ihr Energien einzuhauchen. Die Statue belebt sich und wird auf seltsame Weise lebendig. Es ist wichtig, hervorzuheben, daß diese Visualisierungsübungen nichts mit den Träumen gemeinsam haben. Die Gottheit ist ebenso »wirklich« geworden, ebenso vertraut wie eine »wirkliche« Person ...

In einigen Fällen kann die Vertrautheit mit der Gottheit einengend werden, ihre Gesellschaft anstrengend. Es besteht die Gefahr, daß sie die Psyche des Adepten völlig vereinnahmt und ihn die Kontrolle über seine Selbständigkeit verlieren läßt.

Die Vorherrschaft der Gottheit wird in diesem Fall mit großer Mühe vom Meister bekämpft, der diese vampirhafte Erscheinung vertreiben muß. Diese Extremfälle sind natürlich negativ zu bewerten und widersprechen dem von der Visualisierung angestrebten Ziel: zunächst aufbauen und dann Stück für Stück das Symbol zerstören, um die für jegliche geistige Vorstellung notwendige Leere zu erreichen.

Um diese Erfahrungen zu vertiefen, lassen sich einige tibetanische Yogis drei bis sieben Jahre lang in eine Zelle einmauern und nur durch eine Klappe mit Lebensmitteln versorgen.

Dort, im wörtlichen Sinn für die Welt der Phänomene gestorben, versenken sie sich in die Betrachtung gewaltiger symbolischer Bilder, die ihr Geist erzeugt; von allen sinnlichen Anregungen abgeschnitten, vereinigen sie sich psychisch mit bestimmten weiblichen Gottheiten, ehe sie am Ende der Unternehmung das unerschaffene Wesen der Leere verwirklichen.

Diese von den tibetanischen Meistern freiwillig auf sich genommene Gefangenschaft erlaubte ihnen, die höchsten Bewußtseinsebenen zu erreichen (diese Sitte wird auch heutzutage noch praktiziert).

Diese furchterregenden Methoden erfordern eine außergewöhnlich gute körperliche und seelische Gesundheit. Um diese unmenschliche Isolation ertragen zu können, braucht man eine spirituelle Kraft, die außerhalb des Normalen liegt, sowie eine seltene innere Kreativität.

Die Visualisierung wird indessen täglich von der Mehrzahl der in den tantrischen Buddhismus eingeweihten Anhänger durchgeführt.

Der Schüler muß vom Aufwachen bis zum Einschlafen in ständigem Kontakt mit seiner ausgewählten Gottheit sein, zu ihr sprechen, sie preisen und durch Gebete und Mantras ehren.

Die Gottheit oder Yidam tritt in den Körper ein und hat ihren Sitz in der Mitte des Herzens.

Der Anhänger muß fühlen, wie er schrumpft, während der Yiddam wächst.

Schließlich sind sie einander in der Meditation über die ursprüngliche Silbe, die die Erscheinung ausgelöst hat, stark verbunden; dann wird diese Silbe zu einem einzigen Punkt, der schließlich verschwindet.

Somit ist diese erreichte Vereinigung tatsächlich Teil der unveränderlichen Leere, deren Erfahrung Stunden, Tage, manchmal auch Monate dauern kann ...

F) Die Yidams und die Dakinis

Der Yidam, die vom Meister auserwählte Gottheit, entspricht immer der wahren Persönlichkeit des Schülers.

Je nachdem, ob der Adept ein leidenschaftliches, stolzes, friedfertiges oder aufbrausendes Wesen besitzt, wird ihm ein spezieller Yidam oder eine Dakini (die weibliche Form der Gottheit) zur Seite gestellt.

Das erklärte Ziel der Visualisierungsübungen ist immer die Umwandlung individueller Emotionen in allgemeingültige Weisheit. Sie wollen die selbstsüchtigen Prägungen ausschalten und müssen im Prinzip mit dem tiefen Erkennen der Leere enden.

Der visualisierte Yidam stellt eines der Symbole unseres wahren Wesens dar. In gewisser Weise kristallisiert er die energetische Wirksamkeit der Leere heraus.

In seiner Beziehung zur Gottheit muß der Anhänger lernen, sich selbst zu erkennen und sich mit seinen eigenen vorübergehenden Trieben ohne Furcht und ohne Anklammerung vertraut zu machen.

Die Yidams sind doppeldeutig. Je nach dem Wesen des Adepten nehmen sie einen friedlichen oder schrecklichen Aspekt an.

Wenn wir normalerweise rachsüchtig oder jähzornig sind, wird unsere erwählte Gottheit zornig und manchmal sogar schreckenerregend sein.

Ihre für den Frieden der Seele erflehte Gegenwart ist das Gegenmittel zu den verzehrenden Leidenschaften, die uns hin und herreißen und uns irreleiten.

Die Visualisierung eines schrecklichen Yidams ist ein ontologisches Wagnis der Weisheit, während die Integration einer friedlichen Gottheit das Ergebnis eines weniger abrupten, eher stufenweisen Vorgangs ist.

Die Yidams und Dakinis sind oft von erschreckender Erscheinung. Sie sind mit makaberen Utensilien gepanzert, von einem blendenden Flammenschein umlodert. Diese für den Außenstehenden gräßliche Aufmachung hat symbolische Bedeutung. Nach ihrem Sieg über die fanatischen Anhänger der Unwissenheit haben die Vertreter der Weisheit Unterscheidungsmerkmale ausgewählt.

Der Anhänger des Tantrismus, dessen Yidam eine zornige Gottheit ist, lernt die Symbole zu interpretieren, er zähmt in gewisser Weise ihren esoterischen Sinn.

Jede Gottheit wird von fünf Köpfen gekrönt, die die fünf in unterschiedliche Erkenntnis umgewandelten Emotionen darstellen.

Sie schwenken einen Dreizack, dessen drei Spitzen mit der ursprünglichen Energie in Verbindung stehen, der universellen Leere und der trügerischen Offenbarung.

Die Trophäe der Gottheit besteht aus drei abgeschlagenen Köpfen.

Ein »frischer« Kopf stellt die Bezwingung der primitiven Leidenschaften dar.

Ein »trockener« Kopf verkörpert den Sieg über den kalten Zorn, die egoistische Härte mancher Menschen.

Der Schädel eines Skeletts wird mit der Vertreibung der Dummheit in Zusammenhang gebracht.

G) Die »Wirklichkeit« der Gottheiten

Offensichtlich ist es unmöglich, über das wahre Wesen dieser Yidams und Dakinis ein endgültiges Urteil zu fällen.

Mit Hilfe der Logik leiten wir aus diesen Texten ab, daß jene Gottheiten direkt von einer Art geistigen Schöpfung abhängen, daß sie den individuellen psychischen Prozessen unterworfen sind.

Seriöse Forscher (wie John Blofeld) legen sich weniger fest, sondern machen sich ausführlich über diese Phänomene Gedanken.

Zwei ebenfalls plausible Hypothesen bleiben dem Scharfsinn des Beobachters zur Beurteilung überlassen:

- Die Yidams stammen aus einer kollektiven geistigen Schöpfung, die tibetanischen Visualisierungsübungen werden seit Jahrhunderten durchgeführt und haben einen autonomen »psychischen Status« erhalten.
- Die Gottheiten existieren wirklich, profitieren von einer »außerhalb des Individuums liegenden« Dimension, bestehen in einer archetypischen, in allen Religionen bekannten Form fort und offenbaren sich als »Hüter der Schwelle«, als geistige Führer, die zum Übergang zwischen verschiedenen Bewußtseinsebenen, zwischen Wachen und Schlaf ermächtigen.

Wir werden uns davor hüten, dieses schwierige Problem lösen zu wollen. Man muß den von den tibetanischen Yogis visualisierten Gottheiten jedoch eine nicht zu leugnende Qualität zusprechen. Sie sind der vollkommene Nährboden, die beispielhafte Unterstützung der Meditation, die jedem Einbringen und jeder Übertragung offen gegenüberstehen.

Es ist sozusagen gleichgültig, ob der Yidam eine autonome Existenz besitzt oder nicht, da in buddhistischer Sicht alles der Leere entspricht. Das Wesentliche dabei ist die Tatsache, daß die Materialisation ihrer erflehten Gegenwart zur Vertreibung der irregeleiteten Kräfte des Adepten führt.

H) Das Rad des Lebens

Die Klöster und heiligen Stätten, aber auch die Mehrheit der tibetanischen Häuser besitzen ein Rad des Lebens.

Diese symbolische Darstellung, deren Sinn sich nie verändert hat, besitzt einen genau umrissenen pädagogischen Wert.

Bei der Betrachtung des Lebensrades erinnert sich der gläubige Laie oder der in die Geheimnisse des Tantrismus eingeweihte Anhänger wieder an die vom buddhistischen Glauben verbreiteten Lehren.

Yama, der Gott des Todes, hält das Rad des Universums in seinen mit Krallen gespickten Klauen, sein scheußlicher Kopf ist von einem Diadem umgeben, das fünf Schädel zieren, die die fünf Sinne symbolisieren: die fünf ursprünglichen Wahrnehmungen der Illusion, die fünf negativen Verhaltensweisen, die fünf Bausteine des Lebens.

Auf der rechen Seite der Abbildung zeigt ein Buddha mit dem Finger auf eine gerollte Urkunde, auf der die buddhistische Lehre (Dharma) abgedruckt ist, der einzige Ausweg, um der

Wanderung der Seelen und der Körper, die weiter unten abgebildet ist, zu entgehen.

Natürlich gibt es je nach dem Bewußtseinszustand des jeweiligen Betrachters unterschiedliche Lesarten dieser symbolischen Darstellung.

Einige Gläubige nehmen diese Bilder wörtlich, andere versuchen deren unsichtbare metaphysische Bedeutung zu entschlüsseln.

In diesem Sinne kann man zum Beispiel festhalten, daß die sechs Zustände des Lebens sehr reale, hermetisch abgeschlossene Welten bilden oder von einander abhängige Übergangszonen des Bewußtseins.

Im Mittelpunkt des Rades beißen sich ein Hahn, eine Schlange und ein Schwein in den Schwanz. Der erste stellt das Begehren und die Gier dar, die zweite Zorn und Leidenschaften, das dritte Unwissenheit und Täuschung. Das Zusammenspiel ihrer jeweiligen Wirkungen trägt zum Kreislauf der Lebewesen in den sechs Welten bei. Jede zu große »Erdferne« zieht einen Sturz nach sich.

Angesichts der letzten Erkenntnis hat der Übergang von einer Welt in die andere keinerlei weltlichen Wert. Unter dem beherrschenden Einfluß des Yama sind Lichtjahre soviel wie Sekunden.

Die Individuen schwanken zwischen Furcht und Hoffnung, werden durch ihre Unwissenheit von einem Zustand in den anderen geschleudert, von einer Welt in die andere, sie wechseln vom Reich der Götter ins Reich der Asuras (Eifersuchtsgötter) über, dringen bei den Menschen ein, um zu Tieren zu werden, irren inmitten der Pretas (hungrige Gespenster) durch den Nebel, ehe sie in die Abgründe der Hölle fallen.

Was immer wir auch tun, jede unserer Taten erhält ihre gerechte Belohnung. Diese Kette der Kausalität wird durch eine Reihe von zwölf Symbolen dargestellt, die auseinander entstehen:

1. Ein Blinder repräsentiert die ursprüngliche *Unwissenheit.*
2. Ein Töpfer die *Erschaffung* der elementaren Triebkräfte.

3. Ein Affe die *Wahrnehmung des Guten und des Bösen.*
4. Zwei Männer in einem Boot die Verleihung des Namens und der Gestalt: *die Persönlichkeit.*
5. Sechs leere Häuser *die sechs Sinne.*
6. Ein sich umarmendes Paar *den Wunsch nach dem Nächsten.*
7. Ein durch Pfeile blind gewordener Mann *die Empfindung der Lust und des Schmerzes.*
8. Ein trinkender Mann *den Durst, die Gier.*
9. Ein Affe, der eine Frucht auffängt, *die Inbesitznahme.*
10. Eine schwangere Frau *das Werden.*
11. Eine Niederkunft *die Geburt.*
12. Ein Leichnam *den unvermeidlichen Verfall.*

Nur der buddhistische Weg kann diese zwölf existentiellen Kausalitäten endgültig unterbrechen, deren tiefe Wechselbeziehung den unendlichen Kreislauf von Geburt und Tod erzeugt.

Bei der Betrachtung des Rades der Existenz festigt der Buddhist seine spirituelle Entscheidung und befreit sich dank der suggestiven Kraft der symbolischen Darstellungen von seinen eigenen Trieben, Abhängigkeiten und Leidenschaften.

Mandala

DRITTER TEIL

Der tibetanische Weg der Initiation

Das Mandala – Das tibetanische Totenbuch: Bardo Thodol – Die Meister und ihre Schüler

I
Das Mandala

Das Mandala ist eine geometrische Figur, die aus einer bestimmten Anzahl von Vierecken und Kreisen zusammengesetzt ist, die streng symmetrisch rund um einen Mittelpunkt angeordnet sind.

Archetypische Symbole (Buddhas, Bodhisattvas, Yidams, friedliche und schreckliche Gottheiten) sind auf Stoff (die tibetanischen Tankas sind wahre Kunstwerke) oder auf den Boden aufgemalt.

Das Mandala ist eine Darstellung der Initiation der psychischen Kräfte, die im Universum und in den Lebewesen wirksam sind. Seine Betrachtung setzt beim Anhänger eine spirituelle Erfahrung fest, die grundlegender Natur ist und im allgemeinen eine lange Reihe vorbereitender Riten beendet.

Die Symbolik des Mandala steht in enger Verbindung mit der Metaphysik des Mahayana, die auf der Gleichsetzung von Nirwana und Samsara basiert. Der Eingeweihte muß lernen, die Doppelbewegung von Ausdehnen und Zusammenziehen der kosmischen Kräfte, die abwechselnd das Universum schaffen und zerstören, zu deuten und zu integrieren.

Diese zentrifugische und zentripedische Bewegung windet sich um den Mittelpunkt des Mandala und dehnt sich an der Peripherie in einer weiten Vielfalt aus. Die Anfangsinitiation geht den umgekehrten Weg: Der Eingeweihte befreit sich von den Projektionen seiner Psyche, ehe er sich in der Einheit seines unerschaffenen Bewußtseins niederläßt.

Das Mandala bietet gleichzeitig zwei symbolische Arten der Interpretation:

- Vom Zentrum aus zur Peripherie: Das ursprüngliche Eine wird in der Vielfalt der Ausstrahlungen zerstört.

– Von der Peripherie ins Zentrum: Die Psyche »bildet sich zurück« (Paravritti), und die zerstreuten Elemente lösen sich in der ursprünglichen Einheit auf.

Die Einführung in das Mandala ist eine entscheidende spirituelle und psychologische Erfahrung (Forscher wie C. G. Jung haben ausführlich darüber berichtet).

Die Mehrzahl der Menschen leidet unbewußt an einem Mangel an Einheit, an innerer Beständigkeit. Sie suchen ohne Unterlaß nach Mitteln, um das Gefühl der Zerstreuung und der Verlassenheit, das sie quält, zu überwinden.

Wir sind unfreiwillig der Tyrannei unserer psychischen Projektionen unterworfen. Gleichgültig, ob wir wachen oder träumen, wir hören nie auf, unserem wahren Wesen zu entfliehen, indem wir mit Hilfe des Gedächtnisses und der Fantasie parallel verlaufende Welten erschaffen, in denen wir geheime Vorstellungen unserer nur vorübergehend in Szene gesetzten Leidenschaften, Wünsche und Triebe geben.

Die Mandalas gleichen einem vierdimensionalen Theater, sie spielen die alltäglichen psychologischen Dramen nach, von denen eben die Rede war. Sie binden die zerstreuten Kräfte in einer archetypischen Darstellung.

Die unzähligen, das Mandala bevölkernden Gottheiten finden ihre Entsprechung in den Ängsten, Trieben und Abneigungen. Der Symbolik gelingt es schließlich, diesen unfaßbaren Wirbelsturm zu »materialisieren«, der von den üblicherweise verdunkelnden Reaktionen unbeeinflußt bleibt.

Mit Hilfe dieser symbolischen Theatralisierung lernt der Adept, seine Triebe zu beherrschen.

Die in seine eingebildeten Schöpfungen eingebrachten Energien tragen von nun an zur Wiedereingliederung der individuellen Psyche in die unpersönliche Einheit bei.

Man kann das Mandala als Initiation, aber auch als Therapie bezeichnen. Die unbewußten Kräfte, die das tiefste Innere aus dem Gleichgewicht bringen, werden am Ende einer bewußten Anpassung der Projektionsmechanismen schwächer.

Jede im Mandala verehrte Gottheit hat zwei Gesichter, bietet

ein zweites, symbolisches Gesicht (friedlich oder zornig). Solange wir nicht imstande sind, diese Figuren zu interpretieren, führen sie uns ins Labyrinth der Projektionen. Von dem Moment an, da wir in der Lage sind, sie als einfache Auswirkung unseres psychischen Apparates zu deuten, weisen sie uns den Weg ins Zentrum.

Die Gottheiten »hausen« an strategischen Punkten. Der Weg ins Mandala hängt von unserer eigenen inneren Orientation ab; was die einen vom richtigen Weg abbringt, erleichtert bei den anderen die geistige Befreiung.

Das Mandala ist keine »Ebene« des Universums, sondern ein »Psycho-Kosmogramm« (Tucci), das zur Verinnerlichung aller Kräfte dient, die für gewöhnlich in einer zentrifugalen Bewegung zerstreut sind.

Der rituelle Aufbau des Mandala

Die auf Stoff gemalten Mandalas (Tankas) dienen nicht der Initiation, sondern der Betrachtung, dem pädagogischen Memorieren verschiedener Einweihungsphasen.

Das Mandala wird traditionell mit Reismehl auf den Boden gezeichnet, jeder Punkt der sich kreuzenden geometrischen Figuren wird mit einer symbolischen Farbe markiert.

Der Aufbau verlangt höchste Genauigkeit, eine außergewöhnliche Beschriftung und Sorgfalt, deren Geheimnis nur die Meister kennen. Der geringste Fehler bei der Ausführung schwächt automatisch den Ablauf der Rituale.

Das Mandala wird außen von einem Kreis begrenzt, dem »Berg des Feuers«, der dazu dient, die »dämonischen Kräfte« (das Unbewußte) fernzuhalten.

Der Strich wird mit Hilfe einer Schnur gezogen, die zwischen zwei Pflöcken gespannt wird; nachdem man sie mit Mehl eingefärbt hat, wird sie plötzlich losgelassen, damit sich die Linien auf dem Boden abzeichnen.

Eine neue Schnur aus fünf verschiedenfarbigen Fasern dient dazu, die symbolischen Felder des Mandala zu begrenzen:

– Ein von Querlinien zerteiltes Viereck
– Die Diagonalen begrenzen den Mittelpunkt.

Die Einführung in das Mandala

Die Wahl des günstigen Tages und Ortes wird vom Zeremonienmeister aufgrund astrologischer (das Thema des Schülers) und geographischer (das Ritual muß sich in der Nähe eines Flusses abspielen oder bei den Gewässern eines Tempels oder im Norden der Stadt) Berechnungen festgelegt.

Das Gelände muß eben, einförmig, frei von Steinen und Kräutern sowie allen organischen Lebewesen sein.

Vor Beginn der Einweihungszeremonie bittet der Meister um den Segen der Erdgöttin und vertreibt die von der Göttin Mara beherrschten unheilvollen Geister.

Nachdem er die Erde mit seinem Zepter (Vajra) berührt hat, wird der Ort zur »Erde des Diamanten«, dem Territorium der heiligen Erleuchtung.

Die Götter und Gottheiten, die die Initiation leiten sollen, werden durch Litaneien angerufen. Votivvasen werden an den vier Ecken des Mandala aufgestellt, sie wurden vorher mit kostbaren Essenzen gefüllt, mit Bändern, Blumen und Zweigen geschmückt.

Diese geweihten Behälter sind dazu bestimmt, die »herabsteigenden« Götter aufzunehmen, die durch ihre Niederkunft dem Anhänger dabei helfen wollen, seinen Weg ins Zentrum des Mandala zu finden.

Alle diese vorbereitenden Tätigkeiten finden ohne Teilnahme des zukünftigen Eingeweihten statt.

Die Läuterung des Neubekehrten

Die Einweihung in das Mandala vollzieht sich am Ende einer langen Vorbereitung.

Diese Zeremonie ist ein Sakrament, eine vielschichtige Taufe, die mit einer Art kosmischen Dramas verwandt ist, das einen inneren Tod und eine innere Wiedergeburt mit sich bringt.

Ehe der Neubekehrte, ohne Schaden zu nehmen, von einer psychischen Ebene in die andere gelangt, müssen reinigende Vorsichtsmaßnahmen ergriffen werden.

Bäder, langes Fasten und eine vollständige sexuelle Abstinenz gehen der eigentlichen Zeremonie voraus.

Fünf entscheidende rituelle Phasen erleichtern die Verbindung zwischen dem Bewußtsein des Neulings und der angestrebten Eingliederung durch die Initiation.

Diese Vorbereitung erleichtert und harmonisiert die Psyche, ehe sie in einen gefährlichen Auflösungsprozeß geführt wird, und erschüttert die der Projektion entspringenden Reaktionen.

Am Vorabend der Initiation muß der Neubekehrte auf der rechten Seite einschlafen, seinen Kopf gerade halten und Mantras rezitieren (Buddha nahm diese Haltung vor seinem Tod ein).

Bei Tagesanbruch erzählt er dem Meister seine Träume, der, seiner Interpretation folgend, darüber entscheidet, ob das Ritual stattfindet oder aufgeschoben wird.

Die Zeremonie muß in völliger Gleichgültigkeit stattfinden, ohne Wunsch nach irdischen Belohnungen oder himmlischen Gunstbeweisen.

Der Schüler wiederholt die drei Zufluchtsgelübde des ursprünglichen Buddhismus: das Gesetz (Dharma), der Buddha, die Gemeinschaft (Sangha).

Nachdem er ihm die Augen verbunden hat, führt der Meister seinen Schüler vor die »Ost«-Pforte des Mandala, dieser wirft daraufhin eine Blume in den Kreis, und die so ausgemachte Figur bestimmt den richtigen Weg und die Art der Schutzgötter.

Die Tibeter teilen die Individuen in unterschiedliche spirituelle Familien ein, mit denen eine große Vielfalt von Mandalas in Verbindung steht.

Je nachdem, ob der Neuling den Leidenschaften, dem Zorn, dem Geiz oder der geistigen Verwirrung anheimgefallen ist, wachen jeweils unterschiedliche Gottheiten über den Ablauf der Zeremonie.

Es ist daher unerläßlich, daß die Gesamtheit der angesprochenen Kräfte im Mandala dem Charakter des Neulings entspricht.

Dieser identifiziert sich mit dem Ablauf des Initiationsgeheimnisses und durchlebt noch einmal die schwierigen Momente und psychischen Stadien seines spirituellen Lebens.

Ohne eine genaue Übereinstimmung seiner persönlichen Projektionen mit deren symbolischer Darstellung bliebe der Schüler unfähig, die unzähligen durch das Schauspiel der Einweihung erzeugten Einflüsse zu verarbeiten, und am Ende würde die Aufnahme der Projektionen in die Einheit des Geistes scheitern.

Die eigentliche Erfahrung des Mandala paßt zu den vorher beschriebenen Übungen der Visualisierung.

Die in dem »verzauberten« Kreislauf erhaltenen Visionen haben eine Beschaffenheit und eine Stärke, die sie »echter« als die »Realität« erscheinen lassen.

Das Bewußtsein »leitet sich langsam ab«, zieht sich auf sich selbst zurück, macht jenseits der »holographischen« Visualisierungen die Entfaltung der Grundenergien der Psyche deutlich.

Der Neuling dringt bis ins Zentrum des Mandala vor, dem blinden Punkt oder schwarzen Stern, der die Gesamtheit der symbolischen Elemente, die in den verschiedenen Sektoren zur Verfügung stehen, bricht und absorbiert.

Die Verzierung durch die friedlichen und zornigen Gottheiten fügt sich in eine streng geometrische Perspektive ein, zeichnet eine Struktur, deren Linien auf den unsichtbaren Mittelpunkt zulaufen, der sich schließlich im Bewußtsein des Anhängers auflöst, der in die Geheimnisse des unerschaffenen Geistes eingeweiht ist.

Jenseits seiner eindrucksvollen Materialisation (ästhetisch und symbolisch) ist das Mandala eine »Energiezentrale«, die beständig die Leidenschaften und Begierden verteilt und aufnimmt ...

Der Schöpfungsmythos des Mandala läßt sich »zusammenfassen« als eine einführende Übertragung der psychischen

Kräfte in den unverbildeten Geist, der sie eine nach der anderen aufnimmt.

Die Symbolik des Mandala

Das psychische Diagramm, das von den Buddhisten und Hinduisten (das Mandala ist eine indische Schöpfung) entwickelt wurde, enthüllt jenseits seiner kulturellen und religiösen Implikationen mehrere Jahrhunderte vor der Tiefenpsychologie die Projektionsmechanismen des Bewußtseins.

C. G. Jung hat zahlreiche von seinen Patienten angefertigte Zeichnungen veröffentlicht, deren geometrische Struktur und Mittelpunktsymmetrie unbestreitbar an die orientalischen Mandalas erinnert.

Von diesen symbolischen Implikationen abgesehen, zielt das Mandala im wesentlichen auf das Aufsaugen und Ableiten (Paravritti) des Bewußtseins.

Die kulturelle Lesart des Mandala erleichtert den Prozeß der Integration, indem es den Schüler mit den Geheimnissen seiner eigenen Psyche vertraut macht.

Man könnte natürlich jetzt an die Schaffung westlicher Mandalas denken (die mittelalterliche Alchimie hat Werke hervorgebracht, die sich ihm annähern, vor allem die Rosetten unserer Kathedralen), aber die genaue Kenntnis der Projektionen und geistigen Vorstellungen, die zu unserer Kultur gehören, ist noch sehr ungenau.

Vom sich ausdehnenden Mittelpunkt aus lassen sich fünf Zonen erkennen, die den fünf mit den Bodhisattvas in Verbindung stehenden Kräften entsprechen.

Es ist Aufgabe des Adepten, seine ontologischen Hindernisse und seine spezifischen Triebkräfte in analytisches Wissen zu verwandeln.

1. **Vairocana:** »Das Strahlende«, in weißer Farbe, es ist mit der Materie verbunden und verkommt in geistiger Finsternis.
2. **Akshobhya:** »Das Unerschütterliche«, in türkiser Farbe, es ist mit der Erkenntnis verbunden und verkommt zu Zorn.

3. **Ratnasambhava:** »Die Form des Edelsteins«, in gelber Farbe, sie ist mit der Empfindung verbunden und verkommt zu Hochmut.
4. **Amitabha:** »Das unendliche Licht«, in roter Farbe, es ist mit der Bildung der Gedanken verbunden und verkommt zu körperlicher Begierde.
5. **Amogasidhi:** »Die unfehlbare Vollkommenheit«, in grüner Farbe, sie ist mit den Schicksalsfaktoren verbunden und verkommt zu Eifersucht.

Die vier Seiten des Mandala werden von den an den Himmelsrichtungen gelegenen Pforten abgeschlossen. Darüber herrschen die Heerscharen der Dämonen (die in der Psyche verdrängten unbewußten Mächte).

Diese Pforten werden von schrecklichen Ungeheuern bewacht; wir haben gesehen, daß es sich in der Regel um örtliche Schutzgottheiten handelt, die sich der Buddhismus »angeeignet« hat.

Diese Hüter sichern den Zugang zum Mandala, vereiteln den Einfall okkulter und finsterer Heerscharen, die vom Totengott Yarma angeführt werden, der auf einem Büffel reitet und mit einer Keule bewaffnet ist.

Vor Beginn der Zeremonie müssen die Lamas einem Ritual folgend die Dämonen beschwören, ansonsten besteht die Gefahr, daß sie auftauchen und sich der Psyche des Neulings bemächtigen. Bei der Einführung in das Mandala nimmt man an, daß seine natürliche Abwehr verschwindet und indirekt zu seiner psychischen Unverwundbarkeit beiträgt.

Wir haben es soeben festgestellt: Abgesehen von seinen religiösen und kulturellen Merkmalen muß das Mandala als therapeutische Erfindung von großem Reichtum angesehen werden, deren symbolischer Rahmen und psychologische Konsequenzen über den eigentlichen Buddhismus hinausgehen und Teil einer universellen spirituellen Erfahrung sind.

II
Das Tibetanische Totenbuch
Bardo Thodol

Das Bardo Thodol ist ein grundlegender Text des tibetanischen Buddhismus, dessen Zusammenstellung traditionellerweise dem Wundertäter Padmasambhava zugeschrieben wird.

Wörtlich übersetzt bedeutet Bardo: bar (zwischen) und do (Insel). Im allgemeinen übersetzt man es mit »Zwischenstadium« zwischen Leben und Tod. Der metaphysische Sinn des Bardo deckt jedoch in Wirklichkeit eine sehr viel umfangreichere Bedeutung ab und wird auf die Gesamtheit der Existenz angewandt, wobei er natürlich den Vorgang von Tod und Wiedergeburt einschließt (siehe das der Reinkarnation gewidmete Buch dieser Reihe).

Das Vorlesen des Bardo am Bett des Sterbenden trägt zur Verwirrung bei, einige Forscher haben daraus geschlossen, daß das Bardo eine Art Führer sei, der nur für die Toten bestimmt ist.

Tatsächlich aber ist das Bardo eine tiefgründige spirituelle Lehre, ein Handbuch der Meditation, das von den Yogis und Asketen benutzt wird, die den körperlichen Tod besiegen wollen, indem sie den Prozeß des natürlichen Verfalls in Erleuchtung und innere Befreiung umwandeln.

Man mißt dem einfachen Anhören oder der Lektüre dieses Werks einen außergewöhnlichen Wert bei. Es genügt angeblich, es nur einmal zu hören, um von Abhängigkeiten und äußeren Einflüssen befreit zu sein.

Das pädagogische Ziel dieses Buchs ist ganz klar: wir müssen lernen, aus der Erfahrung die Gesamtheit der »äußeren« Erscheinungen zu erkennen, alle Gedanken und sichtbaren Phänomene als unsere eignen Projektionen erfassen lernen.

Am Ende dieses Vorgangs wird sich unser »individuelles«, autonomes Bewußtsein im Licht der unerschaffenen Realität auflösen.

Der Begriff »Helles Licht«, der mit der geistigen Erweckung in Verbindung steht, befindet sich in ständigem Widerspruch zur trügerischen Natur unserer geistigen Projektionen.

Das Bardo oder der Übergangszustand betrifft nicht nur die Stunden und Tage, die dem körperlichen Tod folgen, sondern das psychische Sein aller Lebewesen.

In jedem Augenblick unseres Lebens können wir Phänomene wahrnehmen, die analog den inneren Visionen des auf den körperlichen Tod folgenden Zustands verlaufen.

Die Tibetaner heben sechs Bardos oder Bewußtseinszustände hervor.

Die drei ersten betreffen die Existenz im eigentlichen Sinn.

- Das Bardo im Bereich des Bewußtseins, das eigentliche Bewußtsein im Wachzustand.
- Das Bardo des Traumzustands, die dem schlafenden Bewußtsein angehörenden Phänomene.
- Das Bardo der Meditation, der nicht-duale Zustand des Bewußtseins, der mit dem tiefen Schlaf gleichgesetzt wird.

Die drei folgenden Bardos gehören zum Zustand des Todes.

- Das Bardo im Augenblick des Sterbens, das Bewußtsein der Agonie.
- Das Bardo der Wahrheit in sich, das Bewußtsein des Todes.
- Das Bardo des Werdens, das Bewußtsein der Wiedergeburt.

Wir werden ausführlich auf diese drei letzten Bardos zurückkommen, denn sie sind das Hauptthema des Tibetanischen Totenbuchs.

Es ist indessen notwendig, die vom Bardo verbreiteten Lehren in einer pädagogischen Sicht zum Gebrauch für die Lebenden zu betrachten. Unser »inneres« Leben, das sich den Projektionen hingibt, den unaufhörlichen Identifikationen, das dem Wirbelsturm der Leidenschaften und Abneigungen unterworfen ist, greift den Zuständen vor, die nach dem körperlichen Tod auftreten.

Im Laufe unseres Lebens sammeln wir eine Menge verdrängter Phänomene, eine Summe von Erfahrungen an. Diese angehäuften Eindrücke befreien sich im Moment des Todes und überfallen unser Bewußtsein, indem sie oft furchterregende Formen annehmen.

In diesem Sinn muß man das Bardo verstehen, es unterstreicht ohne Unterlaß die wahre Natur unserer unbewußten Projektionen und befreit uns von den trügerischen Implikationen.

Indem sie das Bardo aufmerksam anhören oder lesen, bestätigen die tibetanischen Meister, daß wir nicht nur einen Vorgeschmack auf die letzte Befreiung erhalten, sondern uns auch sofort in einen nicht-dualen Zustand versetzen können, der von allen falschen Glaubensüberzeugungen gereinigt ist.

Das Bardo zielt auf einen zeitlosen Zustand des Schwebens ab. Wachzustand, Schlaf und Traum erscheinen in neuem Licht. Die Verwirrung ist dabei, sich in Weisheit zu verwandeln.

Ohne Unterlaß kommen die Verfasser des Bardo auf dieses Motiv zurück: das Wesen der während der Übergangszustände des Bewußtseins wahrgenommenen Visionen zu vertiefen.

Es liegt auf der Hand, daß diese Visionen, wie sie im Text beschrieben werden, die eigenen kulturellen und spirituellen Wahrnehmungen der Tibeter widerspiegeln.

Sieht man jedoch von der buddhistischen Symbolik einmal ab, so umfassen die in diesem Buch aufgezählten Erfahrungen unbestreitbar einen universellen Sinn.

Das Bardo Thodol ist ein geistiges Vermächtnis, das sich an die leidende Menschheit wendet, die von den unablässigen Fragen nach dem Sinn des Lebens heftig hin und her geworfen wird.

Die Botschaft, die es vermittelt, ist mehr als klar: Wir können uns hier und jetzt von den geistigen Trugbildern und Projektionen befreien.

Letztere sind in Wahrheit nichts anderes als der stürmische

Ausdruck des Schweigens und der universellen Leere; unserer Unterstützung beraubt, zerfallen sie in Bruchstücke ...

Im Laufe unseres Seins werden wir beständig von unserer wahren unerschaffenen Natur bewegt, unglücklicherweise sind wir unfähig, sie zu erkennen, und legen ein unermeßlich großes Gewicht auf vorübergehende Erscheinungen.

Im Moment des Todes treten diese flüchtigen Errungenschaften, die durch den Zusammenbruch der psychosomatischen Widerstände befreit werden, ganz offen und heftig zutage, besetzen und erschüttern den geistigen Raum.

Das Bardo beschwört seine Zuhörer ununterbrochen, sich nicht durch diese zur Unzeit stattfindenden Äußerungen erschrecken zu lassen, die keinerlei eigene Substanz besitzen, sondern wir müssen sie, ganz im Gegenteil, ohne Furcht hinnehmen, koste es, was es wolle.

So gesehen erscheint der Tod als Gelegenheit, die ein jeder ergreifen muß, wenn er letztendlich von seinen äußeren Zwängen befreit werden will.

Wenn wir geistig ausreichend vorbereitet sind, gelingt es uns zweifellos, diese Visionen zu identifizieren, wenn sie aus dem Übergangszustand entstehen; ansonsten tauchen wir von neuem in den Ozean der Wiedergeburten ein.

Einige tibetanische Yogis lassen sich sieben Wochen lang (ungefähre Dauer des Bardo) in völlige Dunkelheit einsperren und visualisieren ohne Unterlaß die im Text beschriebenen Bilder.

Diese Meditationserfahrung verlängert in gewisser Weise die Übungen zur Visualisierung, von denen vorher die Rede war; das Ziel ist das gleiche – die Vereinigung mit der unerschaffenen Realität der geistigen Phänomene.

Die drei Bardos der großen Befreiung durch das Hören

Das Verlesen des Bardo Thodol am Sterbebett setzt eine besondere Beziehung voraus, es erfordert eine vollkommene geistige Verbindung aller Beteiligten, die ohne Tränen und Jammern abläuft (um den Sterbenden nicht zu erregen und zurückzuhalten). Besonders dafür ausgebildete Lamas werden mit der Zeremonie beauftragt und bleiben bis zum Ende des Bardos neben der Leiche (die Untersuchung des Leichnams zeigt im allgemeinen das Ende an).

1. Übergangsstadium im Moment des Todes oder Chikkhai Bardo

Das erste Bardo beginnt nach drei oder vier Tagen, in denen der Verstorbene nicht weiß, daß er tot ist (ein dem Tiefschlaf oder der Katalepsie verwandter Zustand).

Dieses Bardo ist vom Erscheinen eines strahlenden Lichtes gekennzeichnet; normalerweise sind nur die Yogis, die lange Zeit die Meditation des Großen Symbols (Mahamudra) durchgeführt haben, dazu imstande, sich im Hellen Licht aufzulösen.

In Wirklichkeit aber sind die spirituellen Naturen, die mit übernatürlichen Bewußtseinszuständen vertraut sind, ebenfalls in der Lage, dieses unerschaffene Licht zu erkennen, für das sie unterschiedliche Bezeichnungen haben: »Gott«, »Geist«, »Brahman«, »Tao« oder »Buddha«.

Die Erscheinung des Hellen Lichts gleicht einem Donnerschlag, der den versteinerten Geist betäubt, der nicht mehr reagiert. Um durch diese erleuchtende Substanz sein wahres Wesen erkennen zu können, braucht der Verstorbene einen besonderen, durch die Meditation und durch Yogatechniken gestärkten Geist.

Die Mehrheit der Lebewesen wird in diesem ersten Übergangsstadium von Furcht ergriffen und folgt einer Fluchtregung, die sie ins zweite Bardo hineinwirft.

2. Übergangsstadium der Wirklichkeit oder Chonyd Bardo

Der Verstorbene war nicht fähig, eine alles durchdringende Sicht zu erlangen und mit Hilfe des Hellen Lichtes befreit zu werden. Er muß nun einen geistigen Raum durchlaufen, in dem die archetypischen Erscheinungen seiner Verdrängungen aus dem früheren Leben auftauchen.

Diese Erscheinungen nehmen zunächst friedliche, dann aber schreckliche Gestalt an. Bei jeder Erscheinung muß der Verstorbene die Gelegenheit ergreifen, die Hervorbringungen seines eigenen Geistes zu erkennen.

Die folgende Regel beherrscht den gesamten Ablauf des zweiten Bardo:

»Nun denn! Während ich das Übergangsstadium der inneren Wahrheit erlebe und ich die Angst zurückgedrängt habe, muß ich all das, was dabei aufsteigt, als meine eigenen Projektionen erkennen: die Manifestation des Bardo.

Ist dieser höchst wichtige Moment gekommen, darf ich mich nicht vor den Legionen friedfertiger und zürnender Götter fürchten, die meine eigenen Projektionen sind.«

Während der ersten fünf Tage offenbaren sich die vom Verstorbenen angesammelten Leidenschaften ohne Unterlaß, aber schon bald werden sie durch das Erscheinen eines Bodhisattva neutralisiert, dessen Ausstrahlung und besonderen Qualitäten die rückwirkenden Neigungen auflösen.

- *Vairocana*, in blauer Farbe, seine Weisheit, angewendet auf jeden Gegenstand der Wahrnehmung, ist die wahre Natur der Verblendung.
- *Aksobhya*, in weißer Farbe, seine Weisheit reflektiert, einem Spiegel gleich, die Triebkräfte des Zorns und des Hasses.
- *Ratnasambhava*, in gelber Farbe, seine Weisheit zerstört dank seiner Kenntnis der seelischen Ausgeglichenheit Gewalt und Hochmut.
- *Amitabha*, in roter Farbe, seine Weisheit löst dank seiner Unterscheidungsfähigkeit die Wünsche und Abhängigkeiten auf.
- *Amogasidhi*, in grüner Farbe, seine Weisheit verzehrt dank der Kenntnis der spontanen Vollbringung der Taten die Eifersucht.

Am sechsten Tag erscheinen die schrecklichen Hüter der Schwelle in Form von zweiundvierzig schrecklichen Gottheiten.

Der folgende Befehl bezieht sich auf den Geisteszustand, der notwendig ist, um dank des Verstehens dieser Visionen die letzte Befreiung zu erlangen.

»Edler Sohn, all dies kommt von der Entfaltung und den deinem Bewußtsein innewohnenden Kräften und nicht anderswoher. Habe deshalb weder Furcht noch lasse dich anziehen vom Reiz.

Gönne deinem Geist eine tiefe Entspannung, die nicht nach Begriffen sucht. In diesem Zustand verschmelzen alle göttlichen Formen und strahlenden Erleuchtungen in dir, und du wirst zum Buddha.«

Vom siebten Tag an beginnen die Verwandlungen zu verfallen, zu verfälschen. Der Verstorbene, der von seinen Ängsten, seiner Furcht und seiner Unwissenheit verwirrt ist, nimmt immer schwärzere, kältere und scheußlichere Erscheinungen wahr. Abscheu und Schrecken beschleunigen diesen schwindelerregenden Fall in einen Strudel von Halluzinationen, der den Toten in einen bodenlosen Schacht stürzt.

Damit zetteln die Verfasser des Bardo Thodol einen polemischen Streit mit den Theologen und Gelehrten an, indem sie nicht zögern zu behaupten, daß die Meister der Scholastik, so gut sie auch über Schriften und Dogmen Bescheid wissen mögen, nicht in der Lage sind, diese finsteren Erscheinungen zu erkennen, wohingegen der tantrische Neubekehrte die Gottheiten sofort als Hervorbringungen seines eigenen Geistes erkennen wird.

Das Bardo Thodol, das glücklicherweise um das XII. Jahrhundert entdeckt wurde und traditionell Padmasambhava zugeschrieben wird (dem Begründer der »Rotmützen«) ist auch ein »Instrument des Krieges«, das die Anhänger des Tantrismus gegen die »orthodoxe« Kirche der »Gelbmützen« gerichtet haben, die sich dem scholastischen Studium der Schriften widmeten.

3. Übergangsstadium der Suche nach der Sidpa Bardo – Wiedergeburt (von 21 Tagen bis zu 7 Wochen)

Der Verstorbene hat sich als unfähig erwiesen, seine Projektionen zu erkennen, voller Schrecken irrt er durch das Labyrinth des zweiten Bardos und ruft dadurch unfreiwillig furchtbare Erscheinungen hervor.

Er ist nun im dritten Übergangsstadium angekommen, das der Wiedergeburt in einer (Gebär)-Mutter vorausgeht. Es bleibt ihm jedoch noch eine Chance, sein Wesen zu erkennen und die Wiedergeburt zu vermeiden.

Padmasambhava bezeichnet dieses Bardo mit schrecklichen Ausdrücken, die ihn einem tibetanischen Dante ähnlich werden lassen.

(Man muß jedoch auch den Anteil der »spirituellen« Propaganda bei diesen infernalischen Beschreibungen berücksichtigen) ...

Dem Verstorbenen wird nun klar, daß er tatsächlich tot ist, und er kann wie durch einen dichten Nebelschleier seine untröstliche Familie beobachten. Aber er kann rufen und heulen, soviel er will, keiner hört ihn ...

Dazu verurteilt, durch die dunkle, eisige Einsamkeit zu irren, vom Wind, von Schnee- und Hagelstürmen gebeutelt, hört er völlig verwirrt schreckliche Laute, Stimmen, die ihm zuflüstern: »Schlag ihn, töte ihn!«

Er hat das Gefühl, von einer Masse unsichtbarer Dämonen gejagt zu werden, und seine Seele ist voll von einer unermeßlichen Traurigkeit.

Der Text nennt diese schmerzhafte Zeit »den Sturm des Karma« (die unvermeidliche »Vergeltung« der im vorhergegangenen Leben begangenen Taten). Die Konditionierungen befreien sich, die angestauten Energien bahnen sich ihren Weg: Abneigungen, Begierden, Haßgefühle, Triebe.

Wenn er noch genügend Klarheit besitzt, vermag der Verstorbene das wahre Wesen dieser mitleidlosen Verblendung zu erfassen.

»Diese Leere ist kein Nichts in sich. Sie ist in diesem Fall der Gedanke »ich habe Angst«, und die Kenntnis dieses Gedankens ist der Leib der Sinneslust, der strahlende Klarheit bedeutet.«

Meistens fehlen dem Reisenden des Bardo die spirituellen Quellen, um seine Ängste zu erkennen. Gehetzt und verbittert, sucht er begierig nach einem Schoß, in den er sich flüchten kann.

»Solange Du auf der Suche nach einem Leib bist, wirst Du nur Leiden finden. Tue also nichts dafür, und anstatt nach einem Körper zu suchen, verharre ohne Ablenkung im Zustand des Nicht-Handelns.«

Das Gewicht der Handlungen

Der Herumirrende des dritten Übergangsstadiums, der gebrochen und angewidert ist, sieht sich nun dem Yama gegenüber,

dem Herrscher des Todes, der beschließt, nun sein Urteil zu fällen.

Ein guter und ein böser Geist legen weiße und schwarze Steine in die beiden Schalen einer Waage, um seine guten und schädlichen Taten, die er im Laufe seines früheren Lebens vollbracht hat, gegeneinander aufzuwiegen.

Der Leichnam, so wie er vom Verstorbenen visualisiert wird, wird anschließend in seine Glieder zerlegt, zerrissen und von Vampiren und Furien verschlungen (noch einmal ist der Einfluß der schamanistischen Tradition – das der spirituellen Wiedergeburt vorausgehende Initiationsritual der Zergliederung des Körpers – auf die Anfänge des tibetanischen Tantrismus offenkundig).

Die Suche nach einem Schoß

Der Verstorbene ist nun auf der Suche nach einem Schoß. Sechs Lichter erleuchten nacheinander die ihn umgebende Finsternis, und jedes von ihnen kündigt eine eigene Welt an (vom Rad des Lebens illustriert).

Ein weißer Schein für die Götter, ein roter für die Titanen, ein blauer für die Menschen, ein grüner für die Tiere, ein gelber für die Pretas (die hungrigen Geister), ein grauer für die Hölle.

Der Text beschwört den Verstorbenen ein weiteres Mal inständig, diese blaugrünen Lichter mit dem Hellen Licht gleichzusetzen, das dem Herrscher über das Große Mitleid (Avalokistesvara) eigen ist.

Paare lieben einander, und von diesem Schauspiel angeregt will sich der Verstorbene mit aller Gewalt einmischen, in einen Schoß eindringen, um der ihn quälenden Angst zu entfliehen.

Als letzte Zuflucht nennt das Bardo fünf Methoden, »um die Pforte zur Gebärmutter abzuschließen«.

- Dem »verführerischen« Paar gegenüber eine andere, von reinem Mitleid geprägte Haltung einzunehmen.
- Bei der Betrachtung der Liebesspiele über den Guru zu meditieren.
- Abwechselnd die Anziehung und die Abscheu gegenüber dem Mann und der Frau zu überwinden.
- Das Falsche und das Trügerische auszuschalten.
- Über das Angeborene, das Helle Licht zu meditieren.

III
Die Meister und ihre Schüler

Im Verlauf dieses Kapitels wird von mehreren Meistern oder Gurus die Rede sein, die von allen Tibetern verehrt werden. Dabei legen wir besonderes Gewicht auf die oft paradoxe pädagogische Beziehung, die diese mit ihren Schülern verbindet.

Diese Beziehungen stellen eine intensive symbolische »Kommunikation« her, die überraschend und manchmal auch gewalttätig ist.

Es wäre jedoch unrecht, sie negativ auszulegen. Trotz seines manchmal brutalen Ablaufs findet in diesem Unterricht keine masochistische Unterwerfung statt.

Der Meister kennt seinen Schüler, er weiß besser als dieser selbst, wo dessen Schwächen und Hindernisse auf dem Weg zur Befreiung liegen, und er unternimmt große Anstrengungen, um unmögliche Situationen zu schaffen, die nicht mit dem Verstand, sondern nur durch Intuition zu lösen sind.

Die buddhistische Lehre basiert auf der Lust am Paradox. Das spirituelle Erfassen unseres wahren Wesens entspringt nie der Domäne des Verstandes und des Intellekts. Im Gegenteil, es kommt nur aus einem von jeglicher verstandesmäßigen Bevormundung befreiten Raum. Der Schüler muß unbedingt und vollständig aufhören, zu denken und die Wahrheit außerhalb zu suchen, denn diese ist ihm eigen, kann aber nicht Gegenstand der Erkenntnis sein.

Die pädagogische Perspektive beinhaltet unter Berücksichtigung des Charakters des Unterweisenden und des Schülers die Abschaffung restriktiver Grenzen, die die Persönlichkeit einschränken, sowie die Öffnung des Geistes für seine eigene, nicht auslotbare Tiefe.

Der Meister wählt die Prüfungen im Hinblick auf die Konditionierungen des Neulings aus, ihre auf den ersten Blick unnötig wirkende Härte paßt zu den Reaktionen, Triebkräften und Hindernissen.

In diesem Sinne erhellt die Unterweisung und zeugt von einer wahren Kunst und außergewöhnlichen Aufmerksamkeit, deren versteckte Kraft der Schüler erst sehr viel später begreift.

Eine offensichtliche verwandtschaftliche Beziehung (Filiation) verbindet die Meister und die Eleven, bei denen die Methoden ihrer Lehrer zur Anwendung kommen.

Naropa verhält sich Marpa gegenüber, wie Tilopa es ihm gegenüber getan hat, und später wird Marpa die gleiche Taktik Milarepa gegenüber anwenden.

Die mit der Zen-Pädagogie vertrauten Leser (siehe das Buch in dieser Reihe) werden erstaunt sein über die offensichtliche Verwandtschaft dieser Erweckungstechniken: beständige Provokationen des Schülers, die dazu bestimmt sind, seine psychologischen Schranken deutlich zu machen.

Die Initiation (Abhisheka) löst mit einem Schlag diese Spannungen, die den Schüler in einer psychologisch untragbar gewordenen Position gefangenhalten.

Dieser Weg der Erweckung seines eigenen wahren Wesens ist eine Besonderheit des Buddhismus. Von einem Tag auf den anderen finden wir uns vor einer Mauer wieder, die vom Verstand nicht zu überwinden ist. Unsere Widersprüche müssen sich in einer neuen, von jeglicher Begriffseinengung befreiten Wahrnehmung auflösen.

Von Gautama, der bis zum Erreichen der Erleuchtung meditierend unter dem Baum saß, bis zu den grausamen Methoden der tibetanischen, chinesischen und japanischen Lehrer wurde die Weitergabe der Botschaft nie unterbrochen.

A) Die Initiation Naropas

Die Beziehungen zwischen einem Meister und seinem Schüler basieren auf vollständigem gegenseitigen Vertrauen. Naropa fühlte intuitiv, daß ihn Tilopa bis zur Erleuchtung führen würde, und so fügte er sich den übermäßigen Anforderungen, ohne aufzubegehren, obwohl es ihnen augenscheinlich an Sinn mangelte.

Zwölf Jahre lang wälzte Tilopa Naropa in Mehl und befahl ihm tausend aberwitzige Dinge, ohne je ein Wort der Erklärung abzugeben.

So mußte Naropa nach Einbruch der Nacht in die Küchenräume des benachbarten Klosters schleichen, um für seinen Meister dort etwas Suppe zu stehlen, wobei er jedes Mal Gefahr lief, windelweich geschlagen zu werden.

Naropa führte dies jedoch ohne ein vorwurfsvolles Wort aus und wartete geduldig, daß Tilopa die Güte haben möge, ihm seine Weisheit zu gewähren.

Das Warten hatte seinen Höhepunkt erreicht. Eines Tages, als Naropa mit dem Teller Suppe zurückkam, die Knochen noch lahm von den Schlägen der Köche, denen er nicht hatte entkommen können, verschmähte Tilopa diese Gabe und schlug ihn heftig mit seiner Sandale.

Dieser unerwartete Schock, der völlig unangemessen war, ließ Naropas Bewußtsein »umkippen«, und es öffnete sich mit einem Schlag dem wahren Verständnis; endlich ereignete sich bei ihm der entscheidende Durchbruch.

Eingemauert in der Festung unserer Prägungen, stehen wir jeder Form von spiritueller Kommunikation abweisend und verschlossen gegenüber.

In Naropa erwachte die klare Wahrnehmung der unberührbaren Realität erst in dem Moment, als Tilopa die Irrationalität seines eigenen Handelns mit Absicht übersteigerte.

Die wahre Initiation erzeugt einen Kurzschluß innerhalb der verlogenen Systeme, läßt den undurchsichtigen Schutzschirm unserer Reaktionen in tausend Stücke zerspringen. Die Techniken der Bewußtseinserweckung hängen ebensosehr vom Charakter des Meisters wie von den psychologischen Widerständen des Neulings ab. Ihr intensives Zwiegespräch erscheint dem Nicht-Eingeweihten wie eine unsinnige Anhäufung von Launen.

Der Meister ist indessen der einzige, der zu erkennen in der

Lage ist, was sein Schüler zur Befreiung von seinen Illusionen und seinem egoistischen Hochmut braucht. Die Prüfung muß mit der Elle der Unwissenheit gemessen werden.

B) Marpa, der Übersetzer (X. Jahrhundert)

Die Geschichte Marpas, des Begründers der Kagyupa-Sekte und Meisters des weisen Milarepa, ist beispielhaft für diese gegenseitigen Anforderungen, die die geduldige Freundschaft zwischen einem Meister und seinem Schüler besiegeln.

Marpa stammte aus einer Familie sehr ehrgeiziger tibetanischer Bauern. Er beschloß, eine religiöse Laufbahn einzuschlagen, mit dem einzigen Ziel, dadurch zu Ruhm und Reichtum zu gelangen. Nachdem er Buddhist geworden war, verheiratete er sich (das Zölibat war damals noch nicht in allen Schulen Pflicht) und begann damit, Zaubereien gegen klingende Münze zu vollführen. Die Geschäfte gingen gut, und er hatte eine ausreichende Menge Gold gehortet, um eine Reise durch Indien zu unternehmen.

Er hatte die Absicht, sich eine gewisse Anzahl esoterischer Lehren, die damals an der Universität von Nalanda verbreitet wurden, anzueignen, um sie nach Tibet zu bringen, sie anschließend zu übersetzen (er hatte Sanskrit gelernt) und schließlich ein Gelehrter oder Theologe von hohem Rang zu werden.

Marpa scherte sich keinen Deut um die Weisheit. Ihn interessierten lediglich die Mittel, um es dank der Übersetzungen zu etwas »zu bringen«.

In Nepal hörte er in den höchsten Tönen von Naropa, dem einstigen Abt von Nalanda, schwärmen. Dieser Weise hatte sich, auf dem Höhepunkt seiner Priesterlaufbahn angekommen und plötzlich vom Mangel an Kenntnissen verwirrt, dem Meister Tilopa zu Füßen geworfen. Um den Preis schrecklicher Quälereien (siehe vorne) erreichte er schließlich die Befreiung. Sein Ruf war beachtlich geworden, er galt mit großer Einmütigkeit als einer der größten Heiligen, die der Buddhismus je gekannt hatte.

Marpa fühlte sich angezogen und versuchte, ihn zu treffen, aber dies war nicht ohne Schwierigkeiten, da Naropa, der sich nicht um die Lobpreisungen kümmerte, sich in eine armselige Hütte im tiefen Wald zurückgezogen hatte, sonst bar jeglichen Schutzes.

Marpa bot ihm sofort einen Teil seines Goldes an im Austausch gegen seine Lehren, und Naropa nahm das Angebot ohne zu zögern an.

Naropa hatte natürlich das wahre Wesen Marpas auf den ersten Blick durchschaut, aber er wartete geduldig darauf, daß seine Stunde käme ...

Als Marpa fand, er habe genügend Wissen angehäuft, um es gegen Geld unter die Menschen zu bringen, verabschiedete er sich und kehrte nach Hause zurück.

Unterwegs befragte ihn ein Weggefährte über seine »Ausbeute«. Sie verglichen die Lehren, die einem jeden von ihnen zuteilgeworden waren. Kaum hatte der andere Marpas Errungenschaften vernommen, brach er in Gelächter aus.

»Wie? Diese Schriften sind doch seit Urzeiten bekannt! Die Lamas haben sie vor vielen Jahren schon übersetzt und gedeutet! Du sagst mir nicht die Wahrheit.«

Marpa war furchtbar enttäuscht und kam sich hinters Licht geführt vor, und so beschloß er, diesen Naropa um eine Erklärung zu bitten ...

Dieser wies Marpas Angebote zurück, nein bestimmt, er hatte ihm nichts besseres anzubieten, nicht für alles Geld der Welt.

Aber er kannte einen Einsiedler, der ihm vielleicht gehaltvollere Lehren verschaffen konnte, jedoch schwierig zu erreichen war, da er auf einer Insel inmitten eines Sees voll von vergiftetem Wasser wohnte.

Marpa setzte alles auf eine Karte und konnte die Insel erreichen, auf der der Eremit Kukuripa, von einer halbwilden Meute von Hündinnen umgeben, sich im Schlamm wälzte.

Auf Marpas drängende Fragen antwortete er nur mit einem Magenknurren, während seine keifenden Bestien die Zähne fletschten.

Von soviel Mißerfolg entmutigt, beschloß Marpa, alles fallen zu lassen, schleuderte seine Aufzeichnungen in die Brennesseln und verwarf die Idee einer Geheimlehre.

Daraufhin ließ sich Kukuripa endlich dazu herab zu sprechen und erklärte ihm ohne Umschweife die Quintessenz seiner Doktrin, während sich seine Hunde ganz ruhig verhielten.

Diese Geschichte, die sehr lehrreich ist, nimmt die Erleuchtung vorweg. Solange wir versuchen, zur Erkenntnis zu gelangen, geraten wir auf Abwege, nur ein Gehenlassen, ein Aufgeben des Willens schafft einen Zustand der Aufnahmebereitschaft, eine Öffnung zur Weisheit.

Ehe er nach Tibet zurückkehrte, verabschiedete sich Marpa von Naropa, der ihn warnte: »Diese Lehren sind unzureichend, Du mußt noch bestimmte Erfahrungen machen, aber gehe erst nach Hause zurück und versuche, die anderen zu unterrichten. Dann komm zu mir zurück, um Deine Studien fortzusetzen.«

Marpa hörte nicht auf diese Worte; von dem Gedanken eingenommen, seinen Ruhm zu mehren, beeilte er sich nach Tibet zurückzukehren.

Wieder besprach er das Ergebnis seiner Nachforschungen mit seinem Reisegefährten. Diesmal war letzterer der Verdrossene. Je mehr ihm Marpa von seinen kostbaren Schriftrollen zeigte, desto bleicher wurde der andere, vor Eifersucht kochend. Einige Tage später nutzte er eine Unachtsamkeit Marpas, um die begehrten Pergamentrollen in einen Wildbach zu werfen. Niedergeschlagen sah Marpa die Frucht seiner fleißigen Studien fortgeschwemmt.

Nach seiner Rückkehr nach Tibet begann er zu unterrichten, aber der Verlust der Manuskripte ließ ihn immer verbitterter werden. Er erinnerte sich an einige Texte, ging sparsam mit seinen Erinnerungen um.

Eines Tages stellte er mit Freude fest, daß er keinen Grund hatte, ewig den Schriften Kukuripas nachzutrauern.

Welches Bewußtsein hatte er nun vom spirituellen Wert dieser Lehren?

In Wahrheit kannte er den tieferen Sinn dieser Texte genau. Sein eigenes Bewußtsein, seine eigene Erfahrung war sehr viel wichtiger als tausend esoterische Sprüche, die nur aus Eitelkeit und dem Wunsch, es zu etwas zu bringen, angehäuft worden waren:

In der Gegenwart zählte nur dieses Bewußtsein.

Von da an gab Marpa jegliche Vorstellung von einer unehrlich erworbenen Berühmtheit auf. Er kümmerte sich nur noch um die echte Weisheit.

Man könnte diesen Augenblick als »zweite Vorwegnahme

der Erweckung« deuten. Marpa wird bewußt, daß seine innere Erfahrung mindestens soviel wert ist wie die ohne Sinn für Weisheit erpreßten esoterischen »Ratschläge«.

Nachdem er erneut einen geringen Notgroschen zusammengespart hat, eilt er nach Indien, um Naropa wiederzutreffen.

Der Meister bereitet ihm einen kühlen Empfang und verlangt sofort, daß er ihm sein ganzes Vermögen aushändige.

Was tun? fragt sich Marpa, ich gäbe ihm gern einen Teil des Golds, aber wer kommt dann für meine persönlichen Ausgaben auf, wer zahlt die Kosten meiner Rückreise?

Marpa gelang es trotz seines Wunsches nach Erkenntnis noch nicht, sich von seiner Angst vor der Unsicherheit zu befreien. Er bestand hartnäckig darauf, »seine Rücklagen« zu behalten, sich gegen Unglück zu schützen.

Diese Haltung, die wir alle mehr oder weniger teilen, ist auf die Dauer mit der Weisheit unvereinbar. Wenn man sich dafür entscheidet, einen spirituellen Weg einzuschlagen, muß man mit seinen Abhängigkeiten brechen; für die einen heißt das: mit der Sicherheit eines geliebten Heims, für die anderen: mit Reichtum; für Marpa war es sein Gold, an das er sich klammerte.

Naropa ärgerte sich, raffte um den Preis seiner Unbefangenheit einen geheimen Schatz zusammen und freute sich schließlich daran.

Marpa war außer sich, weinte aus Verdruß, ließ seinen schuldhaften Schwächen freien Lauf, war von Geiz umgeben …

Naropa schalt ihn aus: »Glaubst Du, Du kannst meine Lehre mit Deiner Enttäuschung erkaufen?« Dann erhob er sich, warf den Goldstaub in den Wind und schrie: »Wozu brauche ich dieses Gold? Für mich ist der ganze Kosmos Gold!«

Diese unerwartete Tat erschütterte Marpas Bewußtsein, das noch durch seinen Kleinmut blockiert war.

Schließlich lauschte er den Lehren seines Meisters mit ganzem Herzen, ohne an irgendeinen Nutzen zu denken.

Die spirituelle Arbeit hatte ernstlich begonnen.

Nach und nach hatte sich Marpa von seinem Willen und seiner Bestechlichkeit (Aneignung heiliger Texte mit dem Ziel des Emporkommens), von seinen Überzeugungen (die innere Erfahrung ist nicht käuflich) sowie von der materiellen Sicherheit (die angehäuften Güter stehen in keinem Zusammenhang mit der Weisheit) befreit.

Aber diese Initiation konnte sich nicht ohne seine eigene Mitwirkung vollziehen. Der Meister kann nichts für seinen Schüler tun, solange dieser von seinen irrigen Obsessionen geschwächt ist.

Die Geschichte von Naropa und Marpa illustriert das orientalische Sprichwort: »Wenn der Schüler bereit ist, ist der Meister nicht weit.«

Naropa, der sich der guten Eigenschaften seines Schülers bewußt war, wollte die Ereignisse nicht überstürzen. Unter vorsichtiger Anleitung mußte Marpa sein wahres Wesen erkennen und sich seiner eigenen Hindernisse bewußt werden.

Die spirituelle Lehre reinigt den alten Menschen (die falsche Persönlichkeit) von seiner armseligen Vergangenheit, reißt die Maske weg, indem sie ein unpersönliches Feld eröffnet, das nonverbal ist und die herkömmlichen Beziehungen abschafft.

In diesem bedeutungsvollen Moment bilden der Geist des »Meisters« und des »Schülers« eine Einheit …

C) Milarepa, der Asket

Am Ende seiner Lehrzeit kehrte Marpa nach Tibet zurück und begann selbst zu lehren. Milarepa, ein von allen Tibetern verehrter Weiser, wurde sein brilliantester Schüler.

Seine Einweihung war lang, mit Fallen und Schlingen überhäuft. Dieser Asket, der sich erst selbst besiegen mußte, war zahlreichen Prüfungen ausgesetzt.

Milarepas Geschichte ist beispielhaft. Die tibetanischen Lamas widmen ihm einen inbrünstigen Kult, der an die Verehrung erinnert, die im Mittelalter einst Franz von Assisi zuteil wurde ...

1. Der Weg der Finsternis

Milarepa, »der dem man mit Vergnügen lauscht«, wurde in einer wohlhabenden Kaufmannsfamilie geboren, die mit den örtlichen adeligen Mächten in Verbindung war.

Von seinem fünfzehnten Lebensjahr an wurde er zur Fortsetzung seiner Studien ins Kloster des »unsichtbaren Hügels« geschickt (das der Sekte der Rotmützen oder Alter Orden gehörte).

Bald darauf verstarb jedoch sein Vater. Seine Onkel und Tanten ergriffen sogleich die Gelegenheit, seine Mutter und seine Schwester des Besitzes zu berauben und zur Bettelei zu verdammen.

Bei seiner Rückkehr ließ ihn seine Mutter, verrückt vor Schmerz und Rachegefühlen, schwören, mit Hilfe der schwarzen Magie ihre Feinde zu vernichten.

Milarepa mußte dem zustimmen, trotz seiner natürlichen Abwehrhaltung. Dieser Schwur beeinflußte sein ganzes Leben, ließ ihn unheilvolle Taten vollbringen, zwang ihn, sich mit finsteren Mächten zu verbünden, derer er sich nur mit Mühe wieder erwehren konnte.

Aber konnte er es ablehnen, den Schwüren seiner Mutter Folge zu leisten, ohne dadurch seine Sohnespflicht zu vernachlässigen?

»Wenn du zurückkehrst, ohne in der Lage zu sein, deine Macht sichtbar zum Ausdruck zu bringen, so schwöre ich dir, daß ich mich vor deinen Augen töten werde!«

Nach einem kurzen Aufenthalt in einem Kloster, das sich der schwarzen Magie verschrieben hatte, nahm er Abschied von seinem Meister, mit dessen Lehren er unzufrieden war, da sie für seinen Geschmack nicht wirkungsvoll genug waren.

Sein Gelübde machte es notwendig, daß er »wirkliche« Kräfte erlangte. Ein zweiter Lama willigte schließlich ein, ihn in die schrecklichen Techniken der schwarzen Magie einzuweihen.

Eingesperrt in eine Zelle lernte er, die Dämonenscharen herbeizurufen und sie seinen Befehlen zu unterwerfen.

Bald war er imstande, Hagelstürme auszulösen (diese meteorologische Seuche wird von allen tibetanischen Bauern gefürchtet, die die »besonderen« Dienste der Lamas im Exorzismus und in der Kunst der Verschwörung preisen).

Milarepa gelang es schließlich, einen furchtbaren Hagelsturm zu entfachen, der die Gerstenernte seiner Onkel und Tanten vernichtete.

Seine Mutter begnügte sich indessen nicht mit diesem Unglück und bat ihn flehentlich, sein unheilvolles Tun zu wiederholen.

Dieses Mal war die Hexerei mehr als erfolgreich: Ein Orkan zerstörte alle Ernten, fegte die Wohnhäuser hinweg und stürzte die Bevölkerung in große Bedrängnis.

An den Ort seines Verbrechens zurückgekehrt, erfuhr Milarepa, daß seine Mutter gestorben war. Auf der Suche nach seiner Schwester irrte er durch die Trümmer.

Bauern erkannten ihn, griffen ihn an und wollten ihn verprügeln. Er floh in die Berge; geplagt von seinem schlechten Gewissen und von Reue, beschloß er, seine Untaten zu sühnen, indem er sich dem religiösen Leben zuwandte.

Er erreichte ein Kloster, aber das Klosterleben entsprach ihm nicht. Auf den Rat des Abts hin machte er sich auf die Suche nach einem berühmten Guru namens Marpa ...

Nach langem sinnlosen Herumirren gelangte er an den Ort, an dem der bekannte Marpa lebte.

Ein dickbäuchiger, schmutziger Bauer erklärte sich bereit, ihm Marpas Adresse zu besorgen, unter der Bedingung, daß er die Arbeit auf seinem Feld beende. Ohne mit der Wimper zu zucken, machte sich Milarepa an die Arbeit. Als er seine Aufgabe vollendet hatte, enthüllte ihm der Bauer seine wahre Identität: Ich bin Marpa, und ich bin damit einverstanden, dich zu unterrichten, unter der Bedingung, daß du dir auf deine Kosten Nahrung beschaffst und daß du mir bedingungslos gehorchst.

Voller Wissensdurst und von Reue gequält, stimmte Milarepa ohne lange zu überlegen zu.

Die Geschichte ist sehr bekannt. Die Meister treten in Verkleidungen auf, um den Schüler ohne dessen Wissen unerkannt zu beobachten und seine Fehler und guten Eigenschaften im Leben zu beurteilen.

Marpa erkannte sofort Milarepas spirituelle Vorbestimmung, aber auch seine Hindernisse und durch die schwarze Magie angehäuften Sünden.

Nachdem er ihm ausdrücklich befohlen hatte, Hagelgewitter über seine Feinde niedergehen zu lassen, versprach ihm Marpa, daß er nicht »unbefreit« sterben würde. Von diesem Pakt gestärkt, folgte Milarepa blindlings den Befehlen seines Meisters ...

Das traditionelle Katz- und Mausspiel begann unter den besten Voraussetzungen. Ein Meister, listig wie ein Affe, und ein naiver und gutmütiger Schüler ...

Marpa, der Meister, entwickelte unglaubliche Taktiken, um sich Milarepa auf Gedeih und Verderb zu unterwerfen, dessen ungeheure Kraft ein Haupthindernis für die psychische Öffnung war.

Um seine körperlichen Kräfte zu schwächen, mußte Milarepa drei Häuser für Marpa und seine Söhne errichten.

Von dem Versprechen gestärkt, als Belohnung für seine Arbeit die so sehr ersehnte Unterweisung zu erhalten, machte er sich an die Arbeit.

Aber sobald eines der Häuser fertig war, gab Marpa vor, unzufrieden damit zu sein, bekam einen Wutanfall und befahl, das Ganze auf der Stelle wieder einzureißen.

Milarepa ist verwirrt, seine Sicherheit erschüttert. Die Launen seines Meisters bringen es fertig, ihn aus der Bahn zu werfen. Dieser simuliert scheußliche Trinkgelage und Räusche und beschimpft ihn für nichts und wieder nichts. Marpas eigene Frau gerät über diesem Schauspiel aus der Fassung und verteidigt den armen Novizen, dessen körperlicher Zustand immer schlechter wird.

Als wäre nichts gewesen, ruft Marpa seine besten Schüler zusammen, feiert wunderbare Zeremonien und legt seine Lehren dar. Von Wissensdurst verzehrt, versucht Milarepa vergeblich, sich in den Zirkel einzubringen, aber er wird von Marpa höhnisch verjagt, verspottet und ironisch als »Großer Hexenmeister« behandelt ...

Endlich läßt sich der Meister dazu herab, ihm die weltlichen Lehren zu vermitteln (die ewigen Formeln über die dreifache Zuflucht, Buddha, Dharma, Sangha). Milarepa kommt bei dieser armseligen »Belohnung« nicht auf seine Kosten.

Der listige Marpa verspricht ihm, er dürfe die nicht-weltlichen Lehren hören (die Wahrheiten des Mahayana und des Tantrismus), unter der Bedingung, daß er allein ein neunstöckiges Haus errichte.

Milarepa stürzt sich auf diese letzte Aufgabe, doch bald bricht er am Ende seiner Kräfte zusammen, und den Tod bereits in der Seele, flüchtet er sich in die Berge.

Marpa hält die »Vorbereitungen« nun für beendet und schickt seine Diener aus, um ihn zu suchen.

Milarepa erhält die höchste Stufe der Einweihung und nimmt den Rang eines »ersten Schülers« ein. Ehe ihn Marpa in die Gesamtheit der esoterischen Lehren des tantrischen Buddhismus

einweist, rechtfertigt er sich für die schrecklichen Prüfungen, die er ihm auferlegt hatte.

Nachdem er sich elf Monate lang in einer Grotte eingeschlossen hatte, nimmt Milarepa von seinem geliebten Meister Abschied.

Die Sehnsucht nach seinem Heimatland beschäftigt ständig seine Gedanken, durchkreuzt seine Meditationen. Doch seine Rückkehr gerät zur Katastrophe. Nachdem er über den armseligen sterblichen Überresten seiner Mutter meditiert hat, beschließt er, sich für immer in die Einsamkeit der Berge zurückzuziehen, um sich den von Marpa gelehrten Yogaübungen hinzugeben.

»Land der Geburt, Heimat, Land aller Güter,
Ich weiß, daß Du unfruchtbar bist.
Dein Besitz ist nur Verblendung.
Was mich betrifft, den Schüler, so gehe ich fort, um die ewige Wahrheit zu finden.
O gnädiger Vater, Marpa, der Übersetzer,
möge mir die Meditation in der Einsamkeit gelingen.«

So lebte Marpa in der Abgeschiedenheit der unbezwingbaren Gipfel des Himalaya bis zu seinem Tode der Askese hingegeben. Er ernährte sich von dünner Brennesselsuppe, seine Gestalt wurde hager und glich einem Leichnam, auf seinem nackten Körper wuchsen grüne Haare.

Die ersten Jahre seines Einsiedlerlebens widmete er völlig der Durchdringung der metaphysischen Wahrheiten, die er bei Marpa gelernt hatte.

Er verfaßte bewundernswerte Gesänge, die einen der Schätze der universellen Spiritualität darstellen.

»Von Naropa und dem Pfad der Befreiung kommend
kann ich mich einsam mit Erfolg der Einsamkeit zuwenden.
Auf daß die Vergnügungen der Welt mich nicht in Versuchung führen.

*Sondern daß ich das Universum der Meditation durchlaufen
möge.*
*Auf daß ich nicht ruhen möge, versunken in die Ruhe
des Unbewußten.*
Auf daß das Erblühen des Überbewußten in mir erstrahle.
*Auf daß die weltlichen Gedanken, die Schöpfungen des
Geistes nicht in Widerspruch zu mir treten mögen.*
*Auf daß die üppig wuchernde Frucht des Unerschaffenen in
mir erblühen möge.*
*Daß ich in meinem Einsiedlerleben nicht von geistigen
Auseinandersetzungen heimgesucht werde.*
*Sondern daß ich die Frucht der Erkenntnis der Erfahrung
reifen lassen könne.*
Daß Mara und seine Heerscharen mich nicht stören mögen.
*Sondern daß ich meine Erfüllung in der Erkenntnis meines
wahren Geistes finden möge.*
*Daß ich nicht am Weg und an der Methode, die ich verfolge,
zweifeln möge.*
*Sondern daß ich ihn auf den Spuren meines geistigen Vaters
verfolgen möge.*
O gnädiger Herrscher, Verkörperung des Unveränderbaren,
*Verleih mir deinen Segen, damit ich Bettler mich mit aller
Kraft der Einsamkeit hingeben kann (...)«*

Milarepa erreichte schließlich das höchste Glück und richtete sich im Nirwana ein.

Sein Leben spielte sich von nun an zwischen langen Perioden der Zurückgezogenheit und des Herumziehens im Land ab. Schüler schlossen sich ihm an und bildeten eine Wanderkommune.

Milarepa diskutierte oft mit Widersachern, die von ihren Studien der Bücher durchdrungen waren und sich über diesen halbnackten Bettler entsetzten, der es wagte, ihre gelehrten Gedankenspielereien zu unterbrechen.

Die folgende, an einen Pandhi (Rechtsgelehrten) gerichtete Antwort spiegelt die manchmal bissigen Polemiken wider, die die Anhänger der Lama-Kirche der Gelugpa (Gelbmützen) und die Kagyupa (Orden Marpas, der sich der Wahrheitssuche mit Hilfe von Yogatechniken verschrieben hatte) zu Widersachern machte.

Diese geistige Auseinandersetzung war von universeller Tragweite. Die Asketen und die Mystiker lagen in permanenter Fehde mit den Weisen und Rhetorikern, die es vorzogen, sich an heilige Texte zu halten, anstatt sich auf die unpersönliche, durch die innere Erfahrung erworbene Wahrheit zu beziehen.

Milarepa ließ sich jedoch nie von diesen Dogmatikern beirren, und seine lapidaren Antworten erinnern entfernt an die Vorhaltungen, die Jesus den Schriftgelehrten und Pharisäern machte ...

»Man muß das spirituelle Ich durch die Meditation in der Einsamkeit der Berge erringen.

Ich habe der Kenntnis des Wortes nie Wert beigemessen oder deren reine Sophistik studiert, so wie sie üblicherweise nach Fragen und Antworten getrennt in den Büchern zusammengestellt wird, damit sie im Gedächtnis haften (und um sich eines Gegners zu entledigen).

Dies führt nur zur geistigen Verwirrung und nicht zur Verwirklichung der Wahrheit.

Ich kenne mich mit einem solchen Wortgefecht nicht aus, und selbst wenn ich es gekannt hätte, hätte ich es lange vergessen.«

Erleuchtet durch die buddhistischen Lehren, dank der durch jahrelange Askese erreichten inneren Freiheit, konnte Milarepa schließlich Nutzen aus seiner eigenen Existenz ziehen, um seine Lehre auszuarbeiten.

Das Auslöschen seiner Familie, seine in alle vier Himmelsrichtungen zerstreuten Reichtümer, das Erringen unheilvoller Macht, die nur Verzweiflung und Tod mit sich brachte, der Tod seiner Verwandten, die von unnötiger Rache gehetzt worden waren sowie auch von trügerischer Eitelkeit – all das deutete Milarepa im Sinne der buddhistischen Weltanschauung.

Bei der Betrachtung seines früheren Lebens kam Milarepa nicht umhin, seine Nutzlosigkeit und Anmaßung festzustellen.

Seine Prüfungen wurden zu unvermeidlichen Stufen, zu Konsequenzen seines früheren Handelns. Wie alle Weisen legte er Wert darauf, daß die mystischen Schlußfolgerungen, zu denen er gekommen war, der leidenden Menschheit zugute kamen.

»Alles Begehren dieser Welt hat nur ein einziges unvermeidliches Ziel, und das ist der Schmerz. Der Besitz endet in Auflösung, Erschaffen in Zerstören, Zusammenschlüsse in Trennungen, Geburten im Tod.

Wer das weiß, der kann von Beginn an auf Besitz und Anhäufung von Gütern verzichten, ebenso wie auf den Wunsch zu errichten und sich zu binden, und derjenige kann sein Vertrauen in die Befehle eines hervorragenden Gurus setzen und dadurch die Wahrheit erkennen (die weder Geburt noch Tod kennt).«

Fünfzehnhundert Jahre nach dem Tod seines Begründers fand der Buddhismus in der Person eines tibetanischen Weisen das inspirierende Bild eines herumirrenden Asketen wieder, der alles aufgegeben hatte, um das den weltlichen Leidenschaften innewohnende Leiden zu überwinden.

Es liegt auf der Hand, daß dieser Verzicht nicht von allen Menschen, die noch den Vergnügungen des Lebens der »Erscheinungen« verbunden sind, durchgeführt werden kann. Aber die Gegenwart der Weisen und die Lehren, die sie verbreiten, sind unerschöpfliche Quellen, Garanten der Beständigkeit in einem chaotischen Universum.

Nach Padmasambhava und Marpa bot Milarepa dem tibetanischen Volk die beruhigende Überzeugung der Wahrheit.

Das Echo dieser Botschaft konnte jedoch nicht bis in die Herzen aller Tibeter vordringen, waren sie doch gezwungen, weit weg vom ewigen Schnee im Exil zu leben …

»Handelt so, daß ihr keinen Grund habt, euch vor euch selbst zu schämen, und haltet euch fest an dieser Regel. Wenn ihr danach handelt, könnt ihr sicher sein, niemals gegen die Regeln der obersten Buddhas zu verstoßen, trotz widersprüchlicher Anordnungen, die ihr an anderer Stelle geschrieben finden möget.«

Außer den tantrischen Techniken der Visualisierung, über die wir uns lange verbreitet haben (in den Kapiteln über das Mandala und das Bardo Thodol), lehrte Milarepa die Wege der nondualen Meditation (die Systeme des Mahamudra und der Erkenntnis des Geistes in seiner Nacktheit, über die im folgenden Kapitel berichtet wird).

Diese höchste Einweihung führt zur Verwirklichung des unerschaffenen Wesens. Sie bildet in unseren Augen die Krönung aller tantrischen Lehren, die von einer künstlichen Symbolik befreite Vollkommenheit.

Milarepa führte sie bis zu seinem Tode inmitten glitzernder Schneefelder durch, wobei er durch die Freude an seinem eigenen erleuchteten Geist volle Befriedigung fand.

»Der Gegenstand der Meditation, der Vorgang des Meditierens und der Meditierende sind so unzertrennlich geworden, daß ich nun nicht mehr weiß, wie ich meditieren soll.«

Milarepas Lebenslicht verlosch im Alter von vierundachtzig Jahren. Die Erinnerung an ihn hat jedoch nie aufgehört, den tibetanischen Buddhismus zu beleben, und seine Gegenwart erhellt noch immer die Zeremonien, die ihm von diesem unglücklichen Volk gewidmet wurden, das seinen Mut und seine Beständigkeit aus einem schwierigen, harten Leben schöpft.

Die Prüfungen sind in den Augen der Buddhisten immer der kürzeste Weg zur Befreiung. Das Hindernis ist eine gewährte Gnade, über die man meditieren muß.

Die Tibeter, das »auserwählte« Volk, haben angesichts des Beispiels von Milarepa das Bewußtsein, ihr Schicksal selbst »gewählt« zu haben …

D) Drukpa Kunley, »der Ketzer«

Die vielgestaltige Figur des Drukpa Kunley hat die im Pantheon des tibetanischen Buddhismus verehrten geistlichen Persönlichkeiten auf einzigartige Weise geprägt.

Kunley gehörte der herumziehenden Sekte der Naljorpas an, »derer, die mit der Heiterkeit verbunden sind, oder derer, die einer persönlichen authentischen Wirklichkeit anhängen«.

Man hat Kunley sogar mit Rabelais verglichen. Diese beiden Mönche des XVI. Jahrhunderts bekämpften die sanfte Scheinheiligkeit der Kirchen, predigten eine sinnenfreudige Spiritualität; rhetorisch gewandt, ließen sie sich nicht auf dogmatische Schnörkel ein.

Kunley (1455–1570) ist der Archetypus des Verrückten des Herrn (siehe das Buch in dieser Reihe zu diesem Thema). Sein ganz der Weisheit gewidmetes Leben, sorglos gegenüber materiellen Zwängen, ist durch das Fehlen sexueller Hemmungen und eine unschuldige Immoralität gekennzeichnet.

Kunley lebte inmitten des »niederen« Volkes. Schamlos verbreitete er seine Lehren auf dem Marktplatz und in den Straßen.

Als großer Liebhaber des Biers und der Frauen predigte er munter seine Abneigung gegen tugendhafte Mönche, die in strenger Disziplin in der Tiefe ihrer Zellen auf dem Boden lagen.

Seine Devise, »Klug sein und den Geist schützen« ist nicht weniger deutlich als seine Moral, »der Geist des Naljorpa ist unbeständig wie das Geplapper des Irren, er ist wie das Rumoren ferner Ereignisse und der Hintern einer Nutte!«

Seine Autobiographie ist in einer unglaublich farbigen Sprache abgefaßt und noch immer von den Tibetern sehr geschätzt. Sie trägt einen Titel ohne Umschweife: »Seht ihn an und lacht!«

Nach dem Muster all der herumirrenden Mystiker, deren Leben, gleichgültig, was sie tun, der höchsten Erkenntnis gewidmet ist, gehörte Kunley zur obskuren Linie der »Bettler des Dharma«, diesen japanischen, chinesischen und tibetanischen buddhistischen Mönchen, die auf den Straßen herumwandern, unter freiem Himmel oder in den Armen einer Dirne schlafen und sich immer der beruhigenden Gewißheit, zu sein, erinnern.

Als er seine Reisen durch Tibet und den Nachbarstaat Bhutan unternimmt (wo er inbrünstig verehrt wird vom Volk), ist es schon geraume Zeit her, daß Kunley damit aufgehört hat, sich mit quälenden spirituellen Fragen herumzuschlagen. Dieser junge, fünfundzwanzigjährige »Befreite« hält es indes nicht für notwendig, mit den Theologen, die er in den Klöstern trifft, die Schwerter zu kreuzen.

Der rednerische Streit über »erhabene« Themen der Hauptprinzipien des Buddhismus war damals geläufige Praxis, die mit unseren mittelalterlichen scholastischen Disputen vergleichbar ist. Wie aber der folgende Beitrag zeigt, benutzte Kunley eine für seine mit den Spitzfindigkeiten der Doktrin nicht vertrauten Gegner ziemlich verwirrende Taktik.

»Im Tempel von Ramoche traf er auf Mönche, die in eine metaphysische Diskussion verstrickt waren. Da er der Ansicht war, daß er die Gelegenheit, ihnen das Lachen beizubringen, nicht ungenutzt lassen sollte, fragte er:

›Was macht ihr, o Mönche?‹

›Wir reinigen unseren Geist vom Zweifel und von allem, was die Harmonie beeinträchtigt.‹

›Ich kenne mich selbst auch ein wenig in der Metaphysik aus‹, erwiderte er. Nach diesen Worten ließ er ihnen einen Riesenpfurz in die Nase steigen.

›Was kommt zuerst, die Luft oder der Geruch?‹

›Wir schätzen Deine Art von Humor gar nicht!‹ Und sie beschimpften ihn.

›Seid nicht so hochnäsig, entspannt euch ein bißchen! Ich habe andere Manieren als ihr, das ist alles. Meine sind voller Höflichkeit, die euren voll Hochmut und Lüsternheit!‹«

Drukpa Kunley provoziert nicht ohne Grund. Von der Richtigkeit seiner spirituellen Ansichten überzeugt, erzürnt und verletzt ihn die Anmaßung der Mönche, die die Weisheit als ihren Besitz betrachten. Seine schlüpfrigen Tiraden und Possen entlarven die Heuchelei der Äbte, die, von sich selbst überzeugt, die gläubige Bevölkerung schröpfen.

Sein pädagogisches Konzept geht vom Lachen aus. Da er sehr genau weiß, daß die Widersprüche, in die seine Gegner verstrickt sind, nicht in den eintönigen rednerischen Disputen zu lösen wären, unterläuft er ihre Eitelkeit mit Hilfe eines alles verwüstenden Humors. Es geht weniger darum, durch scholastische Argumente zu überzeugen, als vielmehr darum, ihren Dünkel zu zerstören.

Seine natürliche, gesunde und männliche Weisheit wehrt sich

Die heilige Silbe »OM«

dagegen, auf die Phrasendrescherei der von wirren doktrinären Ansichten verblendeten Fantasten hereinzufallen.

Vom Wahnsinn der spirituellen Freiheit begeistert, prangert er die Lügen und Unzulänglichkeiten einer Clique an, die es sich gutgehen läßt und meint, die Erkenntnis zu ihrem Nutzen wenden zu können.

»Tänzer in der unermeßlichen Flut der magischen Illusion,
Vereiniger des haltlosen, absurden Chaos,
Motor des Rades der Leere und des Glücks, Held, der alles als Täuschung durchschaut,
angeekelter Widerspenstiger, angewidert von den niederen Abhängigkeiten,
Kleiner Yogi, der die trügerischen Projektionen seiner Nächsten durchschaut,
Vagabund, der das Samsara verkauft, ohne den nötigen Preis einzutreiben,
Reisender des Lichts, der in der ärmsten Hütte haust,
glücklicher Vorübergehender, der seinen Geist wie ein Lama durchdringt;
Meister, der jede Erscheinung auf den Geist zurückführt,
Seher der Relativität, der das Einzelne in der Vielfalt begreift,
Naljorpa, der den einzigartigen Geschmack aller Dinge kostet,
das ist eine der Masken, hinter denen ich mich verberge!«

Von einem beständigen Rauschzustand in Beschlag genommen, trunken von Weisheit, lacht Kunley ohne Boshaftigkeit über die groteske Geschraubtheit der »Allergrößten«. Nichts entgeht seinem Blick, im Gegensatz zu den »verrückten Mystikern« läßt er die Wahrheit wie aus Versehen fallen und tut so, als handele es sich um eine einzige Farce.

Indessen hat seine Botschaft nichts Absurdes oder Fanatisches an sich. Im Gegenteil, es sind die von Kunleys Beredsamkeit und Unverblümtheit entwaffneten Gegner, deren wahres Antlitz hinter ihren religiösen Verkleidungen zutage tritt.

Als Anhänger des Tantrismus gab Kunley die Essenz seines Wissens an die Frauen und jungen Mädchen weiter, die er zufällig auf seinen Streifzügen getroffen hatte. Unglücklicherweise herrscht über die Art seines physischen Austausches Schweigen, aber er läßt keinen Zweifel daran, daß die psycho-sexuellen Techniken aus dem sogenannten linkshändigen Tantrismus stammen (siehe die beiden Bücher in dieser Reihe: Der Tantrismus und Geheiligter Eros).

Geschickt »tarnt« Kunley diese esoterischen Sexualpraktiken hinter vulgärer Lüsternheit, aber man darf sich von diesen zotigen Anspielungen nicht täuschen lassen.

Während die »autorisierten« Schreiber so zum Beispiel vorsichtig und prüde die Geschlechtsorgane bezeichnen und dabei von Vajra und Yoni (Penis und Vagina) sprechen, hält sich Kunley nicht mit Symbolen auf und beschreibt unverblümt seine Liebesspiele mit den schönen Tibeterinnen.

Auch seine Meditationstechniken lassen keinen Zweifel an ihrer wahren Natur (»meine spirituelle Erfüllung ziehe ich aus dem Mahamudra«, siehe nächstes Kapitel).

Er zieht es somit vor, den direkten Weg einzuschlagen, den non-dualen, ohne sich trügerischen oder pedantischen Kommentaren auszuliefern.

»Wenn man die Sicht der höchsten Übereinstimmung annimmt, entdeckt man das äußerste Mitleid.
Diese von Täuschung freie Meditation, die Nicht-Meditation ist,
stellt das Sein in den ursprünglichen Zustand des Geistes.
Diese spontane Aktivität, die jeden Augenblick umfaßt, unterscheidet nicht zwischen guten und bösen Taten.«

In Wahrheit führt Kunley die vom Mahayana übernommene Lehre von der Gleichheit der Gegenteile bis zur äußersten Konsequenz (das Samsara – die trügerischen Phänomene – und das Nirwana – der von Abhängigkeiten und Leidenschaften freie Bewußtseinszustand – sind nichts anderes als zwei Seiten derselben Medaille) . . .

Sein Leben illustriert ständig diese anarchistische, unbekümmerte und hemmungslose Haltung. Nur Scheinheilige geben vor, von Umtrieben schockiert zu sein, die sie nicht verstehen.

Wir können das Verhalten der Weisen nicht beurteilen. Diese hier bewegen sich auf einer Bewußtseinsebene, wo das »Gute« und das »Böse« nicht mehr mit unseren herkömmlichen Begriffen übereinstimmen.

Ihre Taten und Worte zeugen von einer Frische, Munterkeit und Kraft, die der Erkenntnis des unerschaffenen Geistes entspringen.

Solange wir unseren religiösen und kulturellen Prägungen unterworfen bleiben, erscheint uns die Unterweisung der Meister der Inkonsequenz zu entspringen, ein Leiden ohne Anfang und Ende darzustellen.

Und dennoch sind diese augenscheinlich so unstimmigen Ansichten dazu bestimmt, uns zu erwecken, uns aus unserer Erstarrung zu lösen und unsere Widerstände und Ängste zu besiegen.

Die Unbekümmertheit eines Kunley ist im Grunde »vernünftiger« und »weiser« als unsere andauernden psychologischen Barrieren.

Der Weise erfreut sich an der Unsicherheit, während die Unwissenden unter ihren immer neuen Ängsten leiden.

Das Verhalten eines »Befreiten« steht im Einklang mit seinem Charakter. Naropa hauste inmitten eines Dschungels. Marpa, verheiratet und Familienvater, bestellte sein Land. Milarepa praktizierte in den Bergen eine strenge Askese. Kunley berauschte sich und feierte an den Orten der Ausschweifung.

Man könnte zahlreiche Beispiele über die spirituellen Meister anführen. Wie auch immer ihre Lehre aussieht, ihr Leben steht immer im Widerspruch zu den herrschenden Ideen, läßt die Schwächen und die Suche nach »Sicherheit« als falsch erscheinen.

Ein Weiser tut niemals das, was man erwartet. Seine Taten tragen das Siegel der Authentizität und besitzen einen verborgenen, versteckten pädagogischen Wert.

Kunleys Immoralität ist nicht mit dem Buddhismus unvereinbar, seine Liebe zu den Menschen, mit einer Vorliebe für das schöne Geschlecht, rührt von der Gründungslehre Gautamas her.

Wer, wenn nicht der schwankende, von Weisheit trunkene Kunley in den Bordellen von Lhasa oder die in ihren Festungen zurückgezogen lebenden Lamas könnte den Menschen besser helfen, ihr Leid teilen, sie unterstützen, indem man sie aus vollem Hals zum Lachen bringt über ihre Eitelkeiten?

Der direkte und non-duale tantrische Weg, aus der metaphysischen Theorie des Mahayana hervorgegangen, ist gefährlich und hart, wird aber durch die Ausübung spontanen Mitleids ausgeglichen.

Davon zeugt unter anderem der »Brief an einen Prinzen« von Nagarjuna und der wunderbare Gesang von Kunley (siehe nachstehend).

Die Liebe entspringt ganz natürlich der Wahrnehmung der universellen Leere.

Kunley schenkte seine Persönlichkeit den im Labyrinth ihrer Wünsche herumirrenden Menschen. Der Ausbruch des Lachens, das er verursachte, führte sie »unbewußt« zu einer klareren, leuchtenderen, von Zweifel und Angst befreiten Sicht ...

»Ich verneige mich vor dem Leiden, das jedwede teuflische Tat verursacht.
Vor Naljorpa, der zufrieden ist mit dem, was kommt;
vor dem Herrn, der sich weigert, Bittstellern sein Ohr zu leihen;
vor dem Geist der Diener, die sich weigern, Befehle auszuführen;
vor dem Mund der Reichen, die entbehren, wenn ihre Speisekammer gefüllt ist;
vor der kärglichen Ration des unheilbaren Bettlers;
vor den Unzüchtigen, die von ihren Frauen verschmäht werden;
vor den verschlungenen lügnerischen Reden;
vor dem Ohr, das aufmerksam der Jugend lauscht und den Altersweisheiten kein Gehör schenkt;
vor der Möse der alten Frau, die sich nicht um den Tod kümmert;
vor den undankbaren Kindern;
vor den Ordensträgern, die ihre Gelübde brechen;

vor den Lehren, die an ihren Worten hängen;
vor den gefräßigen Gomchen;
vor den Menschenfreunden aus egoistischen Motiven;
vor den Händlern, die ihre Weisheit verkaufen;
vor den Abtrünnigen, die heimlich ihre Schätze anhäufen;
vor den Geschwätzigen, die nie zuhören;
vor den Vagabunden, die ihr Heim für immer verlassen;
vor dem Arsch der Nutten.«

Drukpa Kunley ist »ein Produkt des Landes«, die tibetanische Bevölkerung identifizierte sich sofort mit seinem Elan und seiner Lüsternheit. Sein entstaubter Buddhismus sprach die Herzen der Dörfler, der armen Leute, der Unglücklichen unmittelbar an, für die die Kirche der Lamas und ihre Gelehrten, die esoterischen Sekten und ihre Asketen zu einem unberührbaren, fremden Universum gehörten.

IV
Die Meditation oder Der Weg der Formlosigkeit

Das Sadhana (oder tantrische Praxis) läßt sich in zwei große Kategorien einteilen: der Weg der Form und der Weg der Formlosigkeit.

Der erste geht über die Dualität der äußeren Erscheinung hinaus, indem er eine bestimmte Anzahl von aus dem Yoga übernommenen Techniken fortentwickelt (siehe das Buch über Yoga in dieser Reihe).

Es geht darum, die Gefühle und Leidenschaften in psychische Kräfte umzuwandeln – mit Hilfe der Kontrolle über den Körper, die Atmung und die sexuelle Vitalität.

Diese Kräfte sind unzählbar. Dazu zählt vor allem die Fähigkeit, außerordentlich große Entfernungen zu überwinden, indem man mit großer Geschwindigkeit wie ein kraftvoll geschleuderter Ball auf und ab springt (Lung-gom); die Erzeugung starker psychischer Wärme (Tum-mo), die Fähigkeit, im Moment des Todes sein Bewußtsein auf einen anderen Körper zu übertragen (P'ho-wa), die Beobachtung und Kontrolle der Träume; die Veränderung der »objektiven« Welt durch Zauberei (Gegenstände je nach Wunsch erscheinen oder verschwinden lassen, sie verkleinern oder vergrößern).

Diese errungenen Kräfte (Sidhis) interessieren die Weisen im allgemeinen nicht. Sie erwerben sie ohnehin zusätzlich und begnügen sich damit, sie mit Vorbedacht anzuwenden, zum Nutzen ihrer Lehre. Die »weniger fortgeschrittenen« Lamas und die vom Wunsch, ihre Macht zu demonstrieren, verdorbenen Schüler bleiben auf diesem Weg zurück, der zur Sackgasse wird.

Der Weg der Formlosigkeit zielt auf die Erfahrung der Non-Dualität ab, auf das authentische Sein. Die Meister übten ihn aus und übermittelten seine Substanz. Er umfaßt das Yoga des Mahamudra und die Doktrin von der Großen Befreiung (diese beiden Ansätze laufen aufeinander zu).

1. Der Weg des Mahamudra oder die Große Geste

Die für die Meditation des Mahamudra wichtigen Anweisungen wurden Naropa mündlich von Tilopa erteilt und von Marpa ins Tibetanische übersetzt.

Nachdem der Lehrer seinen Zuhörer von der Unbeständigkeit der Welt überzeugt hat (die Phänomene besitzen nicht mehr Realität als ein Traum oder ein Trugbild), wirkt er dahingehend auf ihn ein, daß er seine weltlichen Tätigkeiten aufgeben und auf ablenkende Reize verzichten solle.

Die Meditation erfordert die Einsamkeit, sie muß in einem Wald durchgeführt werden oder an einem abgelegenen Ort, weit entfernt von jeglicher Nachbarschaft.

»Wenn der Geist kein Ziel hat, ist der Zustand des Mahamudra erreicht.«

»Wenn Du die Nicht-Verwirklichung verwirklichst, dann verwirklichst Du das Mahamudra.«

»Die Anhänger des Tantra, der Prajnaparamita, des Vinaya, der Sutras und anderer Religionen werden mittels ihrer Schriften und philosophischen Dogmen das strahlende Mahamudra nicht erblicken.«

Das Mahamudra ist kein Ziel, kein Gegenstand der Betrachtung, den man mit Hilfe des Willens, der Askese oder des Studiums der Texte erreichen oder erwerben kann. Die Versuche, die alle mehr oder weniger um die Vorstellung kreisen, eine Persönlichkeit zu sein, ein autonomes Individuum, werden einer nach dem anderen scheitern.

Das Mahamudra setzt den Geist mit einem schrankenlosen Raum gleich, der nicht mit dem Verstand ausgemacht werden kann, der sich den Nutzen der Meditation aneignen und den inneren Frieden zu seinen Gunsten lenken will.

Solange uns ein Gegenstand der Meditation beschäftigt, zeugt dies von einer verfälschten Sicht, die der wirklichen Praxis, die ja ein »Loslassen« beinhaltet, ein Aufgeben egoistischer Gewohnheiten, diametral entgegengesetzt ist.

Man darf nicht meditieren, um zu meditieren, sondern man muß meditieren, ohne zu meditieren.

Der Lehrer ist zu diesen Paradoxen verpflichtet, denn sonst wird sein Zuhörer automatisch versuchen, die Natur einer Erfahrung zu objektivieren, die ihrem Wesen nach unbeschreibbar ist.

Die Meditation des Mahamudra befreit uns ohne Schroffheit von unseren psychischen Projektionen; anstatt sie durch den Willen zu unterbrechen, müssen wir sie, ganz im Gegenteil, sich in unserem Bewußtsein entfalten lassen, ohne sie zurückzudrängen oder festzuhalten.

Von dem Moment an, da wir uns darauf beschränken, unsere geistigen Aktivitäten lediglich zur Kenntnis zu nehmen, werden diese von selbst zum Stillstand kommen, wie ein Auto, das kein Benzin mehr hat.

Nach und nach wird sich die vom unruhigen Rumoren der Begierden im Bewußtsein (im Wachzustand und im Traum) aufgewühlte Oberfläche wieder erhellen. Ihre Wasser entledigen sich langsam des stinkenden Schlamms der Leidenschaften.

Was auch geschieht, der Geist bewahrt seine Reinheit, keine vorübergehende Aufregung vermag seine unveränderliche Heiterkeit zu treffen.

Der Geist allein kann den Geist erfassen. Das individuelle Geistige kann bei aller Vernunft nicht den Besitz des Geistes anstreben.

Das Mahamudra ist die Welt, so wie sie ist. Von dem Augenblick an, da wir damit aufhören, unsere Gefühle einzuordnen und zu bewerten, die Dinge zu benennen, ihnen Etiketten aufzukleben (»gut«, »böse«, »schön«, »häßlich«), lösen sich die äußerlichen Erscheinungen im Bewußtsein unseres ursprünglichen, ausgeglichenen und fröhlichen Wesens auf.

Die Große Heilige Geste, die dieser non-dualen Meditation ihren Namen gegeben hat, unterscheidet nicht mehr zwischen einem usurpatorischen* »Ich«, das von seinen Abhängigkeiten und Abneigungen beeinflußt ist, und einer Wirklichkeit der »Phänomene«, die von den Hervorbringungen des Geistes genährt und bewegt wird.

Wenn die psychosomatischen Kreisläufe, die die gegenseitige Stärkung zwischen dem »finsteren Tyrannen« (dem Ego) und der Illusion (Maya) speisten, erschöpft sind, herrscht an der Gleichheit von Nirwana und Samsara kein Zweifel mehr. Dann entsteht im Innern des Bewußtseins, das aus sich selbst geboren ist, das Mahamudra.

Das Mahamudra ist überall. Ein Zug, der durch die Nacht rast, das Lächeln eines Kindes in den Armen seiner Mutter, die ersten Knospen im Frühling, das Herumtaumeln der Fahrgäste in der Untergrundbahn ...

Sich von dem Schauspiel zurückzuziehen, heißt, die über jeden Zweifel erhabene Wahrheit der äußeren Erscheinungen einzusetzen, das heißt, aufzuhören, seinen Hirngespinsten und irregeleiteten Projektionen anzuhängen, sich vielmehr ohne Ziel und Nutzen im Sein einzurichten.

Wir tun nichts anderes, als die Welt nur zu denken, die Existenz zu träumen. Wenn der Gedanke und der Traum einmal zusammengeführt werden, kommt die Welt zum Vorschein und offenbart ihre authentische Würze (Rasa) und lebendige Frische.

Der Weise, der am Rande der Ereignisse lebt oder sich in die dunklen Geschehnisse des alltäglichen Lebens gestürzt hat, läßt nie vom unbedingten Glück ab, genießt seine Freiheit und kostet alle Situationen aus.

»Der Weise ist wie ein Mensch von Urteilsvermögen, der auf einem hohen Felsen sitzt und auf diejenigen herabblickt, die unten

---

* widerrechtlich besitzergreifenden

im Elend hausen. Der Weise hat durch seine Wachsamkeit die Unwissenheit in die Flucht geschlagen und betrachtet die leidende Menschheit von der hohen Warte der Weisheit aus, die er erreicht hat.

Unter den Gleichgültigen wachend, äußerst wachsam zwischen denen, die schlafen, geht der weise Mann vorwärts, wie ein Roß ein schwächeres anderes Pferd hinter sich läßt.«

Buddha Dhammapada

2. Das Yoga der Erkenntnis des Geistes in seiner Nacktheit oder das tibetanische Buch von der Großen Befreiung

Der Ursprung dieses Textes wird dem großen Pionier des tibetanischen Tantrismus, dem Wundertäter Padsambhava zugeschrieben, aber wahrscheinlich wurden in der Folgezeit noch Kommentare hinzugefügt.

Padsambhava, der lange Studien in den geistigen Zentren Bengalens absolviert hatte, war mit den Begründern der Schule des Vijnanavada in China befreundet.

Diese Abhandlung über Meditation erinnert durch ihre Präzision, ihre metaphysische Strenge an die grundlegenden chinesischen Schriften über das Ch'an und später über das japanische Zen (siehe das Buch in dieser Reihe).

Das Tibetanische Buch von der Großen Befreiung und die Abhandlung über die Verwirklichung des Reinen Bewußtseins (Schule des Dhyana oder Chan) vertreten tatsächlich denselben Standpunkt: Der Geist ist die einzige Wirklichkeit, alles Objektive besitzt keinerlei individuelle Selbständigkeit.

Ehe Marpa seine Lehren an Milarepa weitergab, erklärte er: »Derjenige, welcher über diesen, für die am höchsten entwickelte Intelligenz bestimmten Text meditiert, wird noch im Lauf desselben Tages befreit werden.«

»Alle Erscheinungen sind in Wahrheit nichts anderes als unsere eigenen Vorstellungen, die von selbst im Geist entstehen und den Widerspiegelungen in einem Spiegel vergleichbar sind. Wenn Du wissen willst, ob dem so ist, dann schau in Deinen eigenen Geist.«

In der von allen verschiedenen Schulen des Mahayana gemeinsam akzeptierten Bedeutung ist der Geist die intuitive Weisheit (Prajna). Die Non-Dualität wird als unpersönliches Strahlen begriffen, das keine Spur hinterläßt, keine psychische Hinterlassenschaft im Bewußtsein (Vasanas).

Die Erscheinungen haben keine fundamentale Realität, sie gleichen den Wolken am Himmel, die sich ständig verändern, sie steigen auf und zerstreuen sich in der Morgenröte des unerschaffenen Bewußtseins.

»Obwohl das helle Licht der Wirklichkeit im Geist eines jeden erstrahlt, sucht die Vielfalt es woanders. Dies ist wunderbar.«

Das Helle Licht (von dem in den Beschreibungen der ersten Tage des Bardo im Augenblick des Todes die Rede ist) ist offensichtlich nicht »Besitz« der Weisen. Jedes menschliche Wesen ist dieser Wahrheit verpflichtet, doch unglücklicherweise ziehen es die Menschen vor, geistige Gedankengebäude zu errichten – zerbrechliche idealistische Gebäude –, anstatt über ihr elementares Wesen zu meditieren …

»Da der Gegenstand der Meditation und der Meditierende nicht zwei getrennte Dinge sind, geschieht es also, daß, wenn diejenigen, die die Meditation ausüben oder nicht, den Meditierenden suchen, sie ihn nicht finden; folglich ist das Ziel der Meditation von selbst erreicht – ebenso wie das Ende der Meditation selbst.«

»Es existiert nichts, über das man meditieren könnte, es existiert überhaupt keinerlei Meditation.«

»Es gibt nicht zwei Dinge wie die Betrachtung und den Betrachtenden.«

»Von Ewigkeit an gibt es nichts zu tun.«

Im Gegensatz zum Mahamudra bezieht sich das Yoga der Erkenntnis des Geistes in seiner Nacktheit auf die reine non-duale Subjektivität, infolgedessen leugnet es jede Art von Objektivität der Erkenntnis.

Derjenige, der nach der Wahrheit sucht, kann sich selbst nicht erkennen. Will er sich erkennen, indem er sich mit den anderen identifiziert, gleicht er einem Narren, der auf dem Marktplatz sein Spektakel aufführt.

Die Substanz (die Essenz des Geistes, das Thatata der Schule des Vijnanavada) hat ihren Sitz in jedem von uns, aber wir hören nicht auf, außerhalb nach Hirngespinsten zu suchen, den unbeständigen und haltlosen Doppelgängern unserer inneren Wahrheit.

Die von ihren Leidenschaften tyrannisierten und ihren Begierden unterworfenen Menschen irren zwischen Schatten und Licht umher; niemals befriedigt, bemühen sie sich ständig um ein neues Objekt der Identifikation.

Alles was wir bei einer Innenschau, einer intellektuellen Analyse oder einer Pseudo-Meditation objektiv wahrnehmen, ist ein Begriff, eine vorübergehende Fixierung, die rasch zugunsten einer neuen Abhängigkeit aufgegeben wird.

»AUSSER DEM GEIST IST NICHTS BEGREIFLICH.«

Nur die Beherrschung der geistigen Vorgänge (Projektionen) sichert langfristig das non-duale Verständnis. Die unkontrollierten Gedanken führen uns in ein unentwirrbares Labyrinth. Die klare Erkenntnis unserer Leidenschaften ist der einzige Ausweg ...

Von dem Augenblick an, in dem wir uns in diesem Bewußtsein ohne Halt und ohne Objekt einrichten, befreien wir uns automatisch vom »Guten« und vom »Bösen«, die durch den Begriff eines dauerhaften und selbständigen »Ich« bedingt sind.

Der Geist umfaßt alles, und dennoch ist er kaum mit den Einzelteilen vergleichbar, die dieses Ganze zu bilden scheinen.

Man hat dieses Yoga als das Yoga der Yogas bezeichnet (Jnana-Yoga, siehe das Buch in dieser Reihe). Aber es ist nur für diejenigen bestimmt, die ihre geistigen Prozesse genügend gelockert haben, um es praktizieren zu können.

Wir können in diesem oder jenen Moment beschließen, unseren Körper zu disziplinieren, unseren Atem zu kontrollieren – das Yoga der Erkenntnis des Geistes ist jedoch keine Wahl, es rührt nicht von einer egoistischen Entscheidung her.

Wir müssen uns auf die Aufmerksamkeit und unsere Unterscheidungsfähigkeit verlassen. Nach und nach finden sich die in die Projektionen investierten Energien wieder ein und treten in Verbindung mit einem unsichtbaren »Zentrum«, dessen unerschaffenes Wesen von den Sinnen nicht objektiviert werden kann.

Früher oder später werden wir erregt und erfüllt vom Duft einer Essenz, die sich strahlend als Wahrheit, als fundamentale Wirklichkeit offenbaren wird ...

Zusammenfassung/Schluß

Die tibetanischen Banner wehen heutzutage über dem Abendland, Klöster werden an allen vier Ecken Europas errichtet, und die Litanei des Sutras des Herzens platzt in die Stille der alpinen Morgendämmerung, die Trompeten erklingen heimlich in den prähistorischen Tälern der Dordogne.

Gejagt von Panzerwagen auf Raupenketten, die ihnen vorkommen müssen wie eben der Hölle entsprungen, haben sich die Gruppen der Vertriebenen in einem Schlaraffenland niedergelassen, das von Supermärkten und Autobahnkreuzen bevölkert ist ...

Die Wirren der Geschichte haben dazu geführt, daß die Generation der jungen Nordamerikaner und Europäer die Meister des tibetanischen Buddhismus wie den »Messias« empfangen.

Die jahrhundertelang in ihren Einsiedeleien oder Himalaya-Festungen »eingeschlossenen« Weisen haben die Lehre Gautamas sorgfältig bewahrt, ohne auch nur einen Zoll vom Gesetz (Dharma) oder der Klosterregel (Vinaya) abzuweichen. Sie waren die letzten, die die verlorengegangene Stellung der buddhistischen Religion hielten, die einige schon für tot erklärt hatten.

Durch das Schicksal gezwungen, wurden die Exilanten die Verbreiter und Missionare einer Doktrin, die sie eifersüchtig von allen äußeren Einflüssen abschirmten.

Wir dürfen uns diese Chance nicht entgehen lassen. Es sieht tatsächlich so aus, als habe der Geist der tibetanischen Gipfel beschlossen, in unsere Gegend zu wehen ...

Die Ausuferung unserer Konsumgesellschaft und die Zwänge des modernen Lebens haben Zweifel in die Geister gesät. Beunruhigende Fragen tauchen auf: »Heißt das ... leben?« ... diese stinkenden Kolonnen auf den Autobahnen, permanent

Schwefel in den Himmel spuckende Fabriken, diese Atomkraftwerke, die das Atom verarbeiten, diese Plünderung der Natur …

Die Tibeter können uns einen Trost spenden, eine Haltung voll seelischer Ausgeglichenheit, die nicht von einer Ideologie herrührt.

Es handelt sich nicht darum, glückselig auf »Lösungen« zu warten, nicht um gebrauchsfertige Dogmen, sondern darum, zu lernen, wie wir geduldig unser eigenes Herz befragen sollen.

Keine lebbare Reform fällt vom Himmel. Anstatt zu unrecht und quer durch alle Fronten die Gesellschaft, die Familie und den Staat zu beschuldigen, scheint es besser zu sein, unseren eigenen Geist auszuloten.

Wir sind für diese uns umgebende, nur schwer erträgliche Welt verantwortlich. Der Fehler liegt bei niemand anderem als uns selbst.

Die von den »Tugendhaftesten« so geschätzte Umwelt spiegelt lediglich unsere Wünsche, Leidenschaften und Meinungen wider.

Der Buddhismus ist in dieser Hinsicht sehr deutlich, nach dem Muster anderer glaubwürdiger Religionen veranstaltet er kein Tribunal, entwirft keinerlei Reformen, sondern bringt sei-

ne Gläubigen mit Nachdruck dazu, in sich selbst die Ursachen einer ständig wachsenden Verwirrung zu suchen.

Schließlich hatten die indischen Massen, die sich ihm vor zweitausendfünfhundert Jahren zuwandten, psychologische, ökonomische und politische Probleme, die den unseren ähneln ...

Allerdings haben die Zwänge der Industrialisierung unmittelbar zum Wiedererwachen der Religiosität beigetragen. Nach jahrzehntelanger Konsumhetze wird einem plötzlich klar, daß das Glück nicht käuflich ist ...

Um so besser! Anstatt unendlich lange Anklageprotokolle aufzustellen, sollten wir endlich geruhen, dem Wort der Weisen und der Meister Gehör zu schenken ...

Der Buddhismus des Mahayana hat die Identität von Nirwana und Samsara gezeigt. Das heißt, daß die Phänomene des modernen Lebens, so sehr sie in Verruf sein mögen, sich durch nichts von unserem wahren unerschaffenen Wesen unterscheiden.

Der beeindruckende »Apparat« der tibetanischen Rituale (die Visualisierungen, die Mandalas, die Meditationen) bildet ein »ideales« Laboratorium, das dazu bestimmt ist, unsere Emotionen und abwegigen Projektionen aus dem Leben zu filtern.

Die Lösung liegt nicht außen, sondern im Inneren.

Die tibetanischen Zeremonien spenden den vom Materialismus niedergedrückten Geistern Trost. Die verbreiteten Lehren werden sich nach und nach in diese besorgten und ängstlichen Seelen einprägen, Sicherheit wird zutage treten ...

Da die meisten von uns unfähig sind, direkten Zugang zu den nicht-dualen Wahrheiten zu finden, bieten die Tibeter vorübergehend solide, erleichternde und Sicherheit vermittelnde Möglichkeiten des Zugangs.

Wir sind es gewöhnt, unsere Wünsche ständig nach außen zu projizieren, da wir von Besitzmechanismen gesteuert werden. Der Tantrismus des Vajrayana stellt ein wirksames Mittel dar, die in die Phänomene investierte Energie von ihrem »normalen« Weg abzubringen.

Es ist absurd, über das reiche Pantheon der tibetanischen

Gottheiten zu spotten, wie es einige getan haben. Diese Götter sichern dauerhaft den spirituellen Fortschritt einer größtmöglichen Anzahl von Gläubigen.

Was dies betrifft, sind wir der Ansicht, daß es besser ist, über den zornigen oder friedlichen Charakter einer einem vom Meister zugedachten Gottheit zu meditieren, als den hypnotischen Einfluß des Fernsehens über sich ergehen zu lassen.

Ersteres bringt Trost und Weisheit, letzteres zerstört den Geist durch die Intensivierung unnützer Abhängigkeiten.

Mandala oder Fernsehen, es liegt auf der Hand, daß das Problem nicht ganz so simpel ist, aber dieser Vergleich ist nicht umsonst. Im einen wie im anderen Fall sind es unsere eigenen Energien, die zur Unterstützung der Visualisierung beitragen.

Die vom Vajrayana entwickelten Techniken können zu einer wahren Gesundung des »modernen« Geistes beitragen.

Wir leben inmitten eines unwirklichen, unbeständigen, wahnhaften Universums.

Die nicht-duale Meditation und die Visualisierungen werden dazu beitragen, die Hochstapelei der alltäglichen Phänomene zu entlarven.

Wir wären sehr im Unrecht, wenn wir den Beitrag des tibetanischen Buddhismus vernachlässigen würden. Viele Menschen beklagen sich mit einiger Bitterkeit über das Aussterben traditioneller Lehren. Die Gegenwart »echter« tibetanischer Meister läßt diese nostalgischen Rufe als hinfällig erscheinen.

Die Lamas leben mitten unter uns. Es ist nicht mehr notwendig, von der unmöglichen Reise nach Lhasa zu träumen. Ein Zugbillet kann unsere Suche befriedigen ...

Natürlich gibt es Wahlverwandtschaften mit dieser oder jener Religion, manchmal auch Unvereinbares, aber wenn wir nicht anklopfen, wird uns niemand öffnen ...

Am Ende dieses Buches angekommen, möchte ich mit dem Zitat der letzten Worte Buddhas enden. Sie können als Richtschnur einer ernsthaften spirituellen Suche dienen; sie zielen auf die universelle Weisheit ab und passen ganz genau zu unserer unveräußerlichen Wahrheit und Freiheit.

»Also, o Ananda, erleuchte Dich selbst.
Sei Dir selbst Zuflucht.
Suche nicht irgendeine äußere Zufluchtsstätte.
Halte die Wahrheit fest wie ein Licht.
Halte die Wahrheit fest wie eine Zuflucht.
Suche nicht nach einer Zuflucht außerhalb Deiner selbst.«

Das Buch vom Großen Sterben